Geography of Relief Goods Transportation

救援物資輸送の地理学

被災地へのルートを確保せよ

荒木一視・岩間信之・楮原京子・熊谷美香・
田中耕市・中村 努・松多信尚

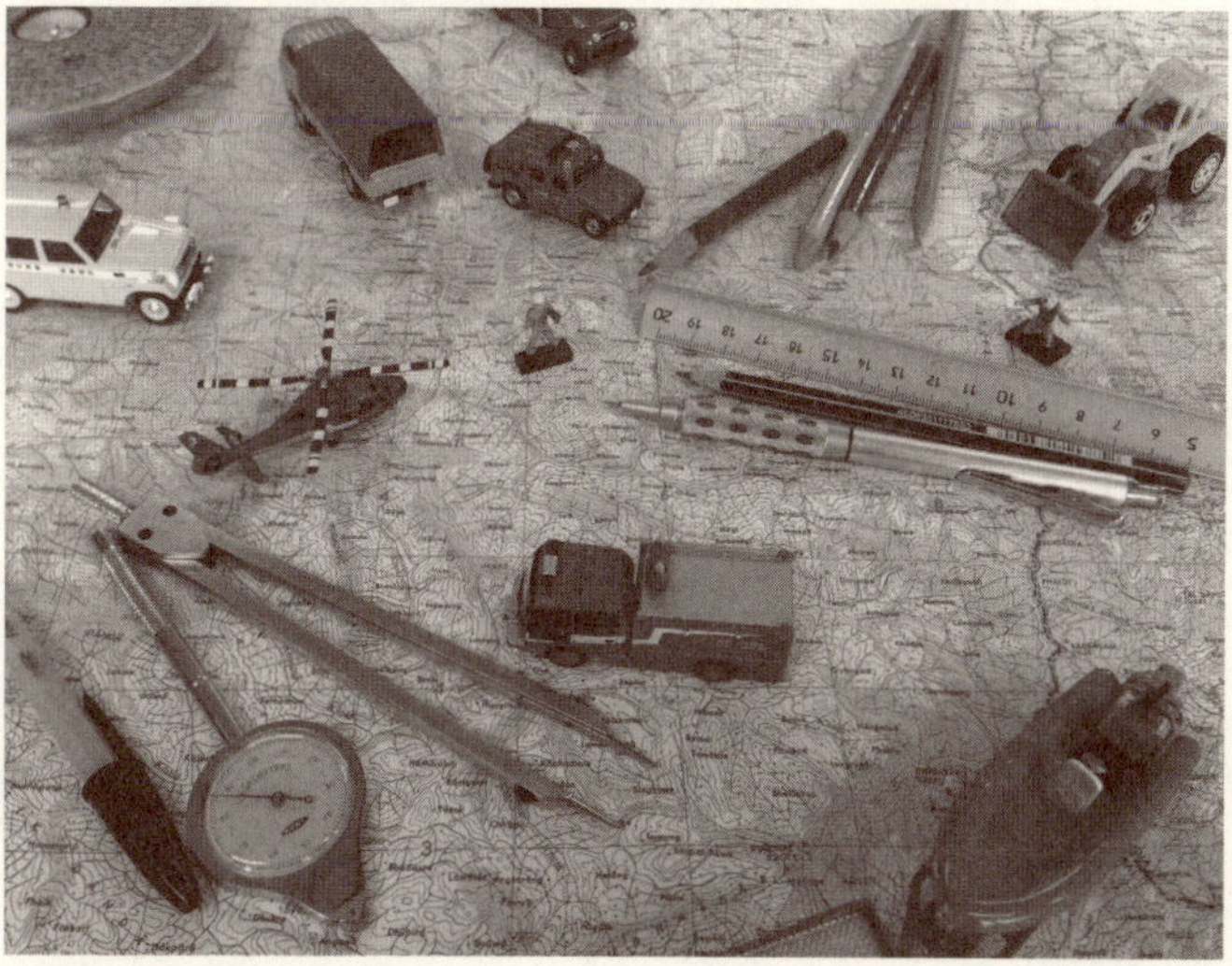

ナカニシヤ出版

救援物資輸送の地理学——被災地へのルートを確保せよ＊目次

序章　被災地に救援物資を運べ！——3
問題の所在　3
地理学の話　8
現代的意義　11
具体例としての南海トラフ地震　14
本書の構成　16

第Ⅰ部　広域自然災害と物資輸送　理論編

第1章　自然地理学からの貢献の枠組み——21
自然現象が自然災害になるメカニズム　21
——自然災害の言葉の意味
災害誘因となる自然現象のメカニズム——内的営力と外的営力　27
「広域」がもたらす自然災害の多様性　32

第2章　人文地理学からの貢献の枠組み――36
人文地理学分野における災害研究　36
救援物資輸送研究に関連した既存研究の整理と課題　43
人文地理学における救援物資輸送研究の可能性　47

第Ⅱ部　広域自然災害と物資輸送　事例編
――南海トラフ地震を想定した救援物資輸送の課題

第3章　自然地理学的側面からの現状の救援物資輸送の課題――59
南海トラフ地震被害想定地域の自然地理的特徴　60
南海トラフ沿いで発生する巨大地震の姿　63
地殻変動が物資輸送に与える不都合　66
津波災害の多様性とその影響　70
――紀伊半島沿岸と伊勢湾沿岸を例に
土砂災害の多様性とその影響　78
――四国山地と紀伊山地を例に

地盤災害の多様性とその影響　82
第4章　人文地理学的側面からの現状の救援物資輸送の課題　高知県の事例――88
これまでの成果　89
行政や民間業者の対策　96
課題　108

第Ⅲ部　効果的な被災地への物資供給のために　GIS編

第5章　GISによる輸送シミュレーション――123
GIS（地理情報システム）とは　124
GISの仕組みと防災・減災に関わる空間データ　125
GISの分析機能　129
救援物資輸送シミュレーションの方法　133
シミュレーションの結果①　広域物質拠点までの物資輸送　138
シミュレーションの結果②　広域物質拠点からの物資輸送　142

ＧＩＳの可能性――静的から動的なＧＩＳへ　146

第6章　救援物資等調達・輸送の計画とGISの活用　和歌山県の事例――　151

南海トラフ巨大地震の被害想定　152
救援物資等調達・輸送の計画とＧＩＳによる視覚化　157
物資輸送の計画と訓練による態勢強化　168
ＧＩＳの活用と課題　171

おわりに　179

救援物資輸送の地理学——被災地へのルートを確保せよ

序章

被災地に救援物資を運べ!

私たちが生きているのは「震災後」ではなく、つねに「震災前」であるという認識をもってください。そして私たちに何ができるのでしょうか。

問題の所在

この本のテーマは被災地に救援物資を運ぶことです。序章では私たちがなぜこのテーマに取り組んだのかをお話しします。

東日本大震災をはじめとして自然災害が甚大な被害をもたらすことはいうまでもありません。私たち地理学者もどうしたらその被害を防げるのか（防災）、その被害を小さくできるのか（減災）に取り組んでいます。災害を引き起こす自然現象のメカニズムを解明することも私たちの代表的な取り組みの一つです。なぜ地震が起こるのかはもちろんのこと、なぜ台風や渇水などの気象災害が起こるのか、なぜ土砂災害が起こるのか等々、そのメカニズムの解明は被害の低減に役立ちます。同時にそうした研究を通じて、どこにどんな危険性が潜んでいるのかを指摘することもできます。それに基づいて防災対策を講じることもできます。堤防を築いたり耐震工事を施したりするなどです。ハザードマップの作成もそうした取り組みの一つです。

もちろん、こうした取り組みで被害をすべて防げればいいのですが、防ぎきれないのが現実です。現実問題として災害が発生し、家屋が倒壊し、橋梁が崩落し、道路やライフラインが寸断され、人的被害が出ることも起こりえます。その際に現場に入り、災害発生のメカニズムを探ることは重要なことです。ただし、地理学者にできることはそれだけではありません。家屋が倒壊し、橋梁が崩落し、道路やライフラインが寸断され、人的被害も出てしまったのならば、すぐに救援活動に取りかからねばなりません。まずは救助、救急、消火などの活動が即応を求められます。医療チームもすぐに活動を開始します。同時に救助隊や救急医療チームほどの即応性は求められないにしても、迅速に救援物資の輸送に取りかからねばなりません。災害によって被災地の生活環境・衣食住は激変します。それが災害です。想像してみてください。日常的になんの障害もなく供給されている、電気やガス、通信、水、食料、あらゆるものの供給が遅滞し、家屋が倒壊するような状況を。あるいは火災が発生しているかもしれません。そんな状況におかれた被災者に向けて供給の止まった食料や水や燃料、それから医薬品を届けなければなりません。家に住めなくなってしまった人にはとりあえずの毛布やシートやテントを届けなければなりません。さらに発電機や重機などの機材、破壊されたインフラの復旧に使うさまざまな資材、そして救援活動にあたる人員を被災地に送り込まねばなりません。これを迅速かつ効果的に実行できるかによって、被害の拡大を押しとどめることができます。また、その後の復旧・復興活動も速やかに進めることができます。この活動こそが救援物資輸送です。

図0－1は私たちの研究の空間的な枠組みを示しています。災害が起こったときに被災地に着目するのは当然のことです。災害のメカニズムを探ろう、被害の状況を把握しよう、あるいは復興の支援をしよう、従来、さまざまな取り組みが被災地で展開されてきました。それはとても重要なことです。これに対して私たちが着目したのは被災地と被災しなかった地域をつなぐことです。こちらに注目することも従来の研究と同様に重要であると考えます。例えば、敵

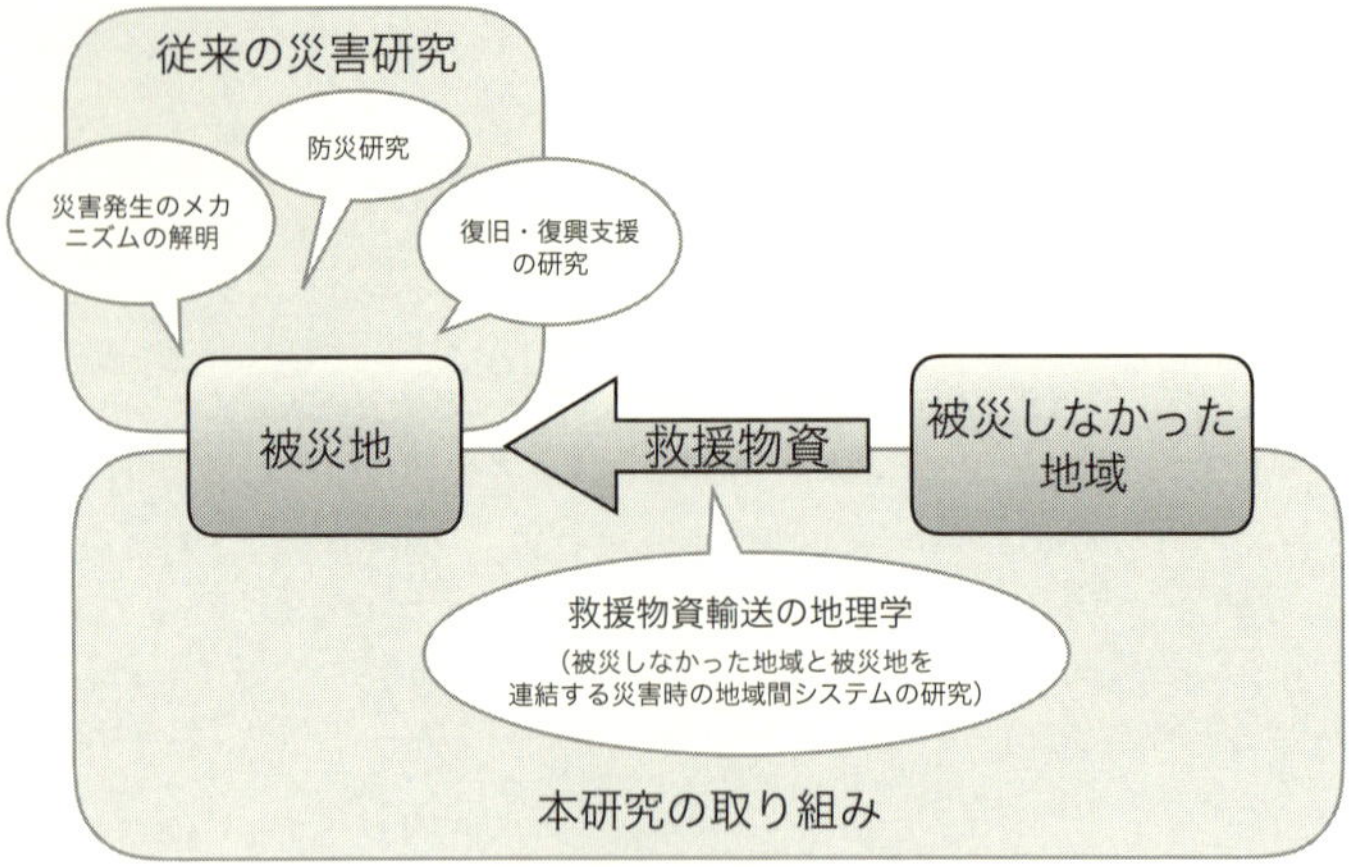

図０−１　救援物資輸送の地理学の空間的枠組み

を攻略するときに、敵の軍隊そのものを攻撃するというやり方もありますし、敵軍の補給路を遮断するというやり方もあります。後者には直接的な戦闘はありませんが、敵に大きなダメージを与えます。被災地そのものを研究する研究に対して、被災地と被災しなかった地域を結ぶ救援物資輸送の研究は後者にたとえることもできます。自然災害そのものを対象とする研究ではありませんし、被災地だけを研究するものでもありません。むしろ、被災地と被災しなかった地域という広域の枠組みから、被害をいかに軽減できるのかを考える研究です。

たしかに自然災害のメカニズムの解明やそれをふまえた防災については自然地理学的なアプローチが有効です。一方で、どうしたら被災地のコ

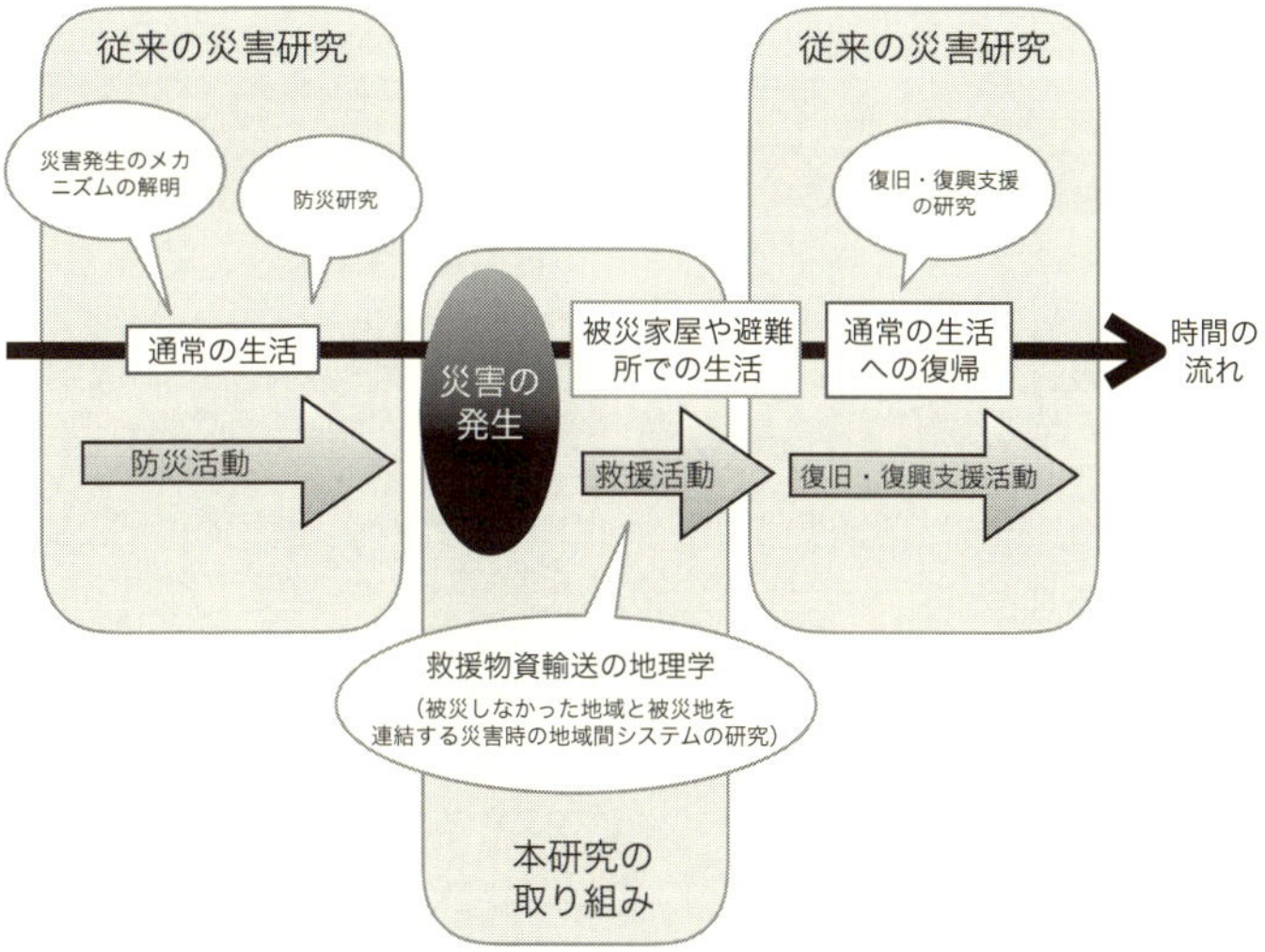

図０－２　救援物資輸送の地理学の時間的枠組み

ミュニティを再生できるのか、経済活動を再開できるのか、逆にそれを妨げているのは何かということの解明には人文地理学的なアプローチが必要になってきます。こちらは自然現象のメカニズムというより人文現象のメカニズムの解明といえるかもしれません。このように従来の研究は災害のメカニズムの解明や防災、および被災地の復旧・復興支援に注力してきたといえます。もちろんそれも大事なことです。

次に図０－２は私たちの研究を時間軸上に示したものです。災害のメカニズムや防災の取り組みは災害の発生前に蓄積せねばなりません。いざ、災害が発生したら救助・救急活動や消火活動、医療活動などに真っ先に取り組まねばなりません。それと同時に被災地への食料、医薬品、燃料などの物資輸送にも着手せねばなりません。その後、数日から数週間を経て被災地の医療機能やライフラインが回復し始めることで通常の生活への復帰を目指した復旧・復興活動へと移行していきます。私たちの取り組む救援物資輸送の研究は、まさにこの被災直後から被災地の諸機能が回復を始めるまでの数日から数週間に対応するものです。災害のメカニズムや防災の研究と復旧・復興支援などの研究との時間的な間隙を埋めるものでもあります。

このように、救援物資輸送は災害対策としてはきわめて重要な活動であるにもかかわらず、地理学をはじめとして学術的な取り組みは決して十分ではなかったというのが私たちの認識です。同時に、これまでの地理学研究の蓄積はそれに対してきわめて効果的なアプローチを提供できるというのが私たちの確信でもあります。

地理学の話

私たちがそう確信する根拠のお話をしましょう。地理学の話です。地理学とは「どこに何があるのかを研究する」学問と思われているかもしれませんが、ちょっと違います。かつてはそんな時代もありましたが、今はむしろ「なぜそこにそれがあるのかを研究する」学問です。どこにどんな山があり、どこにどんな川があり、どこにどんな暮らしがあり、どこにどんな都市があるのかを知っているのが地理学者なのでしょうか。今時そんな情報はネット上に溢れかえっています。むしろ、なぜそうなっているのかを地理学者は研究しています。

例えば、なぜそこで地震が起こって、なぜそんな被害が出るのか、なぜそこには台風が、なぜそこには津波が、同様になぜそこでは家屋が倒壊し、なぜそこではライフラインが切断され、なぜそこでは道路が通行できなくなったのか。それを当地の環境を観察、調査することから明らかにしていきます。

それでは応用問題です。私の研究している食べ物の地理学の話です。「日本では米を食べます。なぜなら日本では米がたくさん穫れるからです」というのは大変わかりやすい説明のようにみえます。地理学者のやっているのはそういうことかというと、そういうことでもあるのですが、それでは「日本では小麦はほとんど穫れないのに、大量の小麦を消費しています」ということにはどのように答えればいいでしょうか。同様に熱帯の生産物であるコーヒーやカレーやバナナも私たちは日常的に消費しています。これらはその地域の環境条件からは説明できません。そこには他の地域とその地域を結ぶ人や物の関係が存在しています。具体的には交通や物流などです。なぜそこにそれがあるのかを明らかにするためには、その地域を取り巻く環境条件はもちろんですが、その地域が他の地域とどのような関係を構築しているのか、ということも重要です。そういう観点からのアプローチを展開しているのも地理学です。

もう一つ、地理学の話です。それでは地震のメカニズムが解明されれば被害は防げるでしょうか。病気を治すためには病気のメカニズムを知っていることは重要です。では、すべての人に同じ治療法が有効でしょうか、それなら医者はいりません。ロボットで十分です。医者は病気のメカニズムをわかったうえで体調や年齢、病歴などさまざまな要素を考慮して、その人に応じた処方箋を書きます。同様に地理学者はメカニズムをわかったうえで、その地域にあった処方箋を書きます。地域に求められているのは一般論ではなく、その地域に必要な処方箋ではないでしょうか。地理学者は長きにわたって、「個別の地域の説明を延々と繰り返すが、一般化・理論化をともなわない」ので、「学問ではない」といわれてきました。この際学問であるかどうかにこだわるつもりはありません。むしろ、災害被害の軽減に役立つかどうかが重要です。原理、原則、一般論を振り回すよりも、その地域に応じた処方箋を書くことが重要ではないでしょうか。地理学者は抽象的な議論があまり得意ではありません。でも、個別具体的な地域の話をすると生き生きします。

災害と社会の関係は一定ではありません。例えば、テントに暮らす遊牧民をイメージしてください。地震による揺れがどんなに大きくとも、家屋倒壊によって人的被害が出ることはほとんどないでしょう。一方で木造家屋やレンガ積みの家屋が倒壊した際の被害の大きさは想像に難くありません（第1章の「三匹の子豚」のお話を参照）。同様にある社会ではダメージがほとんどない自然現象でも、他の社会では大きなダメージを及ぼすことがあります。このように社会のあり方によって、災害の規模が同じであっても想定される被害の大きさは異なるのです。社会のあり様によって災害への耐性も変わります。原理、原則、一般論の限界です。こうしたアプローチは地理学者の得意とするところです。それは災害に対する処方箋についてもいえることだと思います。

現代的意義

ここで今日の私たちが享受する消費社会について考えてみましょう。日常生活で必要なものはほとんどが広域流通によって供給されています。食料や燃料の供給、あるいは電気やガス、水道などのライフラインも集落外、市町村外、あるいは都道府県外に依存しています。そうした状況で災害によって供給ルートが寸断されるとどうでしょう。道路や鉄道、送電線や送水管、港湾機能や空港の機能が一瞬で喪失してしまうことを考えてみてください。その影響は甚大です。災害による直接的なダメージもさることながら、これらの供給が止まることによる被害の拡大も無視できません。仮に直接的な被害を最小限に押しとどめたとしても、これらの供給が止まれば、被災地の生活はたちまち困難なものになってしまいます。食べるもののほとんどが集落内の田畑から供給され、燃料も周辺の山林の薪炭に依存していた社会では、他所からの供給が止まろうともその影響は軽微です。ただし、このような自地域内での自給性の高い社会はすでに過去のものになってしまいました。たとえ農村部であっても少なくない物資を他所からの供給に依存しているのが今日の日本社会です。少なくとも高度経済成長期まで日本の農村は多くの人口を抱え、一定レベルの食料生産能力と高い自給性を有していました。しかし、過疎や高齢化が進み、農業生産も後退した農村が全国各地に広がっているのが今日の日本です。

そうした社会で災害によって物資の供給が遅滞するという事態は、私たちが有史以来経験したことのない事態であるともいえます。都市においても同様です。高度経済成長期まで都市の食料供給はおおむね都市の近郊や周辺の県で賄われていました。しかし、今日の都市はかつてないほどの規模を有し、その食料供給圏は国内の全域、さらには世界中に広がっています。そういう世界に私たちは暮らしています。かつての自給的性格が強く、自立性の高かった社会と比較して、私たちの暮らす今日の社会はきわめて脆弱な側面をもっているともいえます。たしかに、今日の社会はかつてないほど災害のメカニズムの解明が進み、高度な土木・建築技術を構築してきました。耐震技術や気象予報の水準も過去最高といっていいでしょう。一方で高度に張り巡らされた物流ネットワークの災害耐性はいかばかりでしょうか。それらが破断したときのことを考えておく必要があります。水、食料、エネルギー、医薬品、それらすべてを外部に依存する高度な物流ネットワークの上に構築された社会で、そのネットワークが停止する事態です。

とくに広域災害の場合にはその影響が大きくなります。局地災害の場合と異なり輸送網・供給網が各所で寸断されることが容易に想定できます。被災地が比較的局地的な範囲に限られた阪神淡路大震災の折には、救援物資は自転車や徒歩で運ぶことができました。私の友人も、リュックサックいっぱいの米を詰めて自転車で被災地に入りました。ただし、きわめて広範囲が被災した災害である東日本大震災の場合、そうした徒歩や自転車での物資輸送ではとてもカバーできません。長距離を大規模に輸送する仕組みが必要だったわけです。東日本大震災のような巨大災害、広域災害は歴史上何度となく日本列島を襲ってきました。私たちの祖先もそれを何度となく乗り越えてきました。しかし、ここに示したような広域で高度な流通ネットワークが全国を覆い尽くすようになったのはそれほど遠い昔のことではありません。ここ数十年のことです。そうした意味で、東日本大震災は初めての経験だったといえます。高度な広域流通ネットワークが形成されて以降、初めて経験する広域災害であったといえます。

これが、救援物資輸送に着目する現代的な意義です。日々の暮らしで必要なものの多くを域外に依存する今日の社会において、災害時の救援物資輸送がもつ意味は過去のどの時代よりも大きくなっているのです。

具体例としての南海トラフ地震

ここまで災害発生時における救援物資輸送の重要性、また、それに対して地理学のアプローチが有効ではないかというお話をしてきました。地理学的なアプローチの有効性とはなんでしょうか。それは被災地と被災しなかった地域をつないで考えることであり、地域に応じた処方箋を書くことであるといいました。近い将来に発生が危惧されている南海トラフ地震を想定して考えてみましょう。

地図を広げてみましょう。東北地方の起伏がなだらかなのに対して、紀伊半島や四国の南海トラフ地震の被災が想定される地域の起伏はきわめて急なことがわかるでしょう。また、東北地方の幹線道路は津波の被害の少ない内陸部を走り、高速道路や新幹線が通じているのに対して、紀伊半島や南四国の主要道は津波の影響の大きな海岸部を走り、高速道路の整備も遅れていること、東海道や山陽道などの幹線とも離れていることもわかります。さらにこれらの地域は日本のなかでも最も高齢化が進んだ地域でもあるのです。はたして、東日本大震災の時と同じような救援活動を展開できるのでしょうか。同じ規模の地震で同じ被害とは考えないでください。同じ病気でも処方箋は人ごとに異なります。東北の処方箋が通用するとは限りません。この地域にあった最強の対処法を整えておかねばならないのです。

災害に関してはよく「教訓をいかせ」といわれます。何をどういかすのか、何はいかせ、何はいかせないのか。それをいかせるところもあるでしょうし、いかせないところもあるでしょう。そういう柔軟な認識をもたねばなりません。求められているのは抽象的な議論ではありません。地域に応じた対策を考えたいのです。

本書の構成

以上をふまえ、本書の構成を示しましょう。本書は三つのパートで構成されます。理論編、事例編、ＧＩＳ編です。理論編では地理学と災害研究に関しての基本的な枠組みを提示したいと思います。これを通じて救援物資輸送の意義を位置づけてほしいと考えています。続く事例編では具体的に南海トラフ地震を想定して自然地理学と人文地理学の立場から、救援物資輸送を論じます。最後にＧＩＳ編では効果的な対策として、ＧＩＳ（地理情報システム Geographic Information System）の可能性に着目します。救援物資輸送においてＧＩＳの活躍する余地は非常に大きいというのが私たちの考え方です。

最後に執筆メンバーを紹介します。荒木の専門は食料の地理学で、どこでどんな食べ物がつくられて、どんなふうに流通し、どこで消費されるのかということを研究してきました。みんなが毎日うまいものを腹一杯食べられるようにするのが食料の地理学の主題だと考えています。

それは災害が起こったときも同じです。被災地であってもちゃんと食べられるようにしなければならない。それがこの研究を着想した根っこにあります。同様に岩間も食品をはじめとした流通の地理学を専門としており、とくに消費者に良質な食品が十分に行き届かないというフードデザートの研究を進めてきました。中村は医薬品流通が専門、同様の問題意識で離島や東日本大震災の被災地での医薬品がどのように供給されたかを研究してきました。楮原と松多は地形学が専門で、活断層や地震、津波の研究に取り組んでおり、東日本大震災や先般の熊本地震の被災地でも調査を続けてきました。そして熊谷と田中はＧＩＳ使いです。ＧＩＳというのはさまざまな地理情報をコンピュータの上で分析、加工、表示するものです。この技を使って、田中は津波被害の避難ルート、熊谷は救急医療活動の研究などを展開してきました。地理学分野におけるそれぞれの細かな専門領域や得意とする手法は異なりますが、私たちは共通する問題意識をもっています。さぁ、それでは本編を始めましょう。

（こっそり裏話）

本書を企画した背景には以上のような問題意識があったことは事実ですが、裏話をしておきます。私たちはここに示したテーマで地理学分野の科学研究費を申請してきましたが、三年連続で不採択となりました。審査結果をみると、決して悪い評価ではありませんでしたが、どういうわけだか採択されませんでした。そこで私たちは考えました。同じ申請を繰り返したところでいつ発信できるかわからない。ことは一刻を争う。わからない科学研究費の審査員をわからせようと思っても徒労に終わるだけかもしれない。それなら直接、世に問おうではないかと。それが、本書を世に出すことにした嘘偽らざる動機でもあります。

第Ⅰ部　広域自然災害と物資輸送　理論編

第1章
自然地理学からの貢献の枠組み

自然現象が自然災害になるメカニズム――自然災害の言葉の意味

私たちは（自然）災害という言葉を日常的によく使っています。そもそも、自然災害とはなんなのでしょう。「被災者生活再建支援法」という法律では「自然災害」を「暴風、豪雨、豪雪、洪水、高潮、地震、津波、噴火、その他の異常な自然現象により生ずる被害」と定義しています。では「自然現象」とはなんでしょう。辞書によると「自然」とは「人為が加わらないあるがままのさま」とあるので、「自然現象」とは人為が加わらない現象を指します。自然現象に異常と正常とがあるのは変な気がしますが、ここでいう異常とは発生頻度が低く、人の生活や行動に支障がでるような自然現象と考えられます。つまり、「自然災害」とは「人に被害をおよぼす自然現象」を指しそうです。したがって自然災害とは、自然現象と人間社会が出会うことで初めて発生するといえます。当たり前のことですが、どんなに大きな自然現象であっても、そこが人間の住む社会と無縁の地であれば災害にはならないのです。

次に被害について考えてみましょう。そもそも、被害とは「人が被る損害や危害」のことです。私たちが被る損害や危害は、私たちの生活様式と密接な関係があります。多くの人が子どものときに親しんだ「三匹の子豚」の物語を例に考えてみましょう。「三匹の子豚」の物語はウォルト・ディズニーのアニメーション映画で有名となった民間伝承で、三匹の子豚の兄弟が藁と木とレンガの家をそれぞれ建てて住み、それをオオカミが襲う物語です。オオカミはその強い息で子豚の住む家を破壊してなかにいる子豚に襲いかかろうとします。オオカミの強い息に対して、藁と木の家は壊れてしまい、なかの子豚はオオカミに襲われてしまうのに対して、レンガの家は壊れないため、なかに住む子豚はなんら被害を受けません。これを自然現象と自然災害に当てはめてみると、人為が加わらない強い息を吹くオオカミは自然現象であり、その自然現象に対して被害を受ける藁の家に住む子豚と木の家に住む子豚は自然災害にあいますが、レンガの家に住む子豚は自然災害にあいません。これを藁や木の家はレンガの家より原始的な家だから自然災害にあったと解釈すると自然災害の本質を見誤ることになります。なぜならば、オオカミではなくて地震が来たならばどうでしょう。藁の家は壊れるかもしれませんが、壊れても子豚は死ぬことはないでしょう。木の家の場合も助かる可能性が高いでしょう。ところが、レンガの家が崩れれば、子豚は下敷きになって死んでしまうかもしれません。このように、地震の場合は、より近代的に思えたレンガの家のほうで災害が大きくなるのです。つまり、自然災害の姿は自然現象の性質そのものだけでなく、受け手側の人間社会の性質によって変わります。人間の社会は時代や地域によって多様なので、時代や地域によって自然災害は異なる姿をしています。自給自足の原始的な生活をしてきた時代、生活の基盤は家を中心とした点上の狭いエリアにあったのに対し、近代的なインフラの上で成立している現代の私たちの生活の基盤はライフラインがそうであるように線が複雑にからみあった面上にあります。そのため、その一端が破たんしただけで深刻な生命の危機を生み出しかねないのです。つまり、現代社会は原始時代より自然現象に対してより脆弱だといえます。科学技術は私たちに便利な世の中を提供してくれましたが、稀にしか発生しない自然現象に対しては備えが十分でないゆえに、私たちをより深刻なリスクにさらすことになったのです。逆にいえば、私たちが科学の進歩に見合った適切な対策をすれば、自然災害は生じないか小さくすることが可能であるともいえます。これが防災や減災の考え方です。そのため、私たちは自然現象が災害にいたるプロセスを考え、社会の脆弱な部分を認識し、自然災害に対する対策をしていく必要がありそうです。

では、具体的に自然現象がどのように自然災害になるのかを考えてみましょう。防災の分野では、自然現象のなかでも、災害を引き起こす引き金になる現象を（災害）誘因といい、それが作用する対象を（災害）素因といいます。誘因としては、地震、大雨、大風、大雪、火山噴火、病原菌、有害生物など被害に結びつく自然現象が挙げられます。素因はさらに自然素因と社会素因とに分けられます。自然素因とは、大雨や地震といった誘因が自然的な条件に作用して別の性質の自然現象となる条件をいいます。例えば、山崩れならば、急傾斜地という自然的条件の場所で大雨や地震という誘因によって発生します。この急傾斜地という自然的条件は自然だけでなく、人が開発のために山を削ることによっても生じます。社会素因とは自然現象が誘因となって社会的な条件に作用して災害にいたるか、別の性質の現象となる条件をいいます。例えば、レンガづくりの家が多いという社会的条件の地域で地震が起きると大きな被害になったり、長期間の停電により工場生産が止まることで他企業に市場を奪われ会社が倒産したりなどがそれにあたります（社会素因とその被害の現れ方については、第2章を参照）。

総括として、地震について図１－１を参照しながら考えてみます。この図は地震がどのように被害を起こすかを模式的に示しています。地震は地下の岩盤に力がかかりひずみが蓄積され、それが一定量に達すると限界を超え岩盤が割れる（食い違う）ことで発生します。岩盤が食い違うことで生じる「震え」がいわゆる地震の「揺れ」という誘因であり、岩盤の食い違いが地表に達すれば「活断層」と呼ばれる「ずれ」という誘因となります。「揺れ」は、震源域を中心に面的な被害がでるのが特徴です。「揺れ」自体でも建造物が破壊され災害になります。「揺れ」は地下水位の高い砂質の軟弱地盤（自然素因）では液状化を、堆積層の厚い平野や盆地（自然素因）では長周期地震動を、不安定な急傾斜地（自然素因）では地すべりや山崩れ（これら重力が作用する集団移動をマスウェイスティングと称する）を引き起こします。また、地すべりや山崩れが水域に流れ込めば津波を発生させたり、土砂が谷をふさいで川をせきとめ天然ダムを形成、その後天然ダムが決壊することで土石流を発生させたりすることもあります。このような現象が発生した場所に人工構造物やインフラなどが存在していれば被害を受けます。さらに、人工構造物の破壊は単純に財産や人命が損なわれるだけでなく、時には木造家屋が密集する場所（社会素因）で大火を発生させたり、人工のダムが破壊されることで洪水や土石流

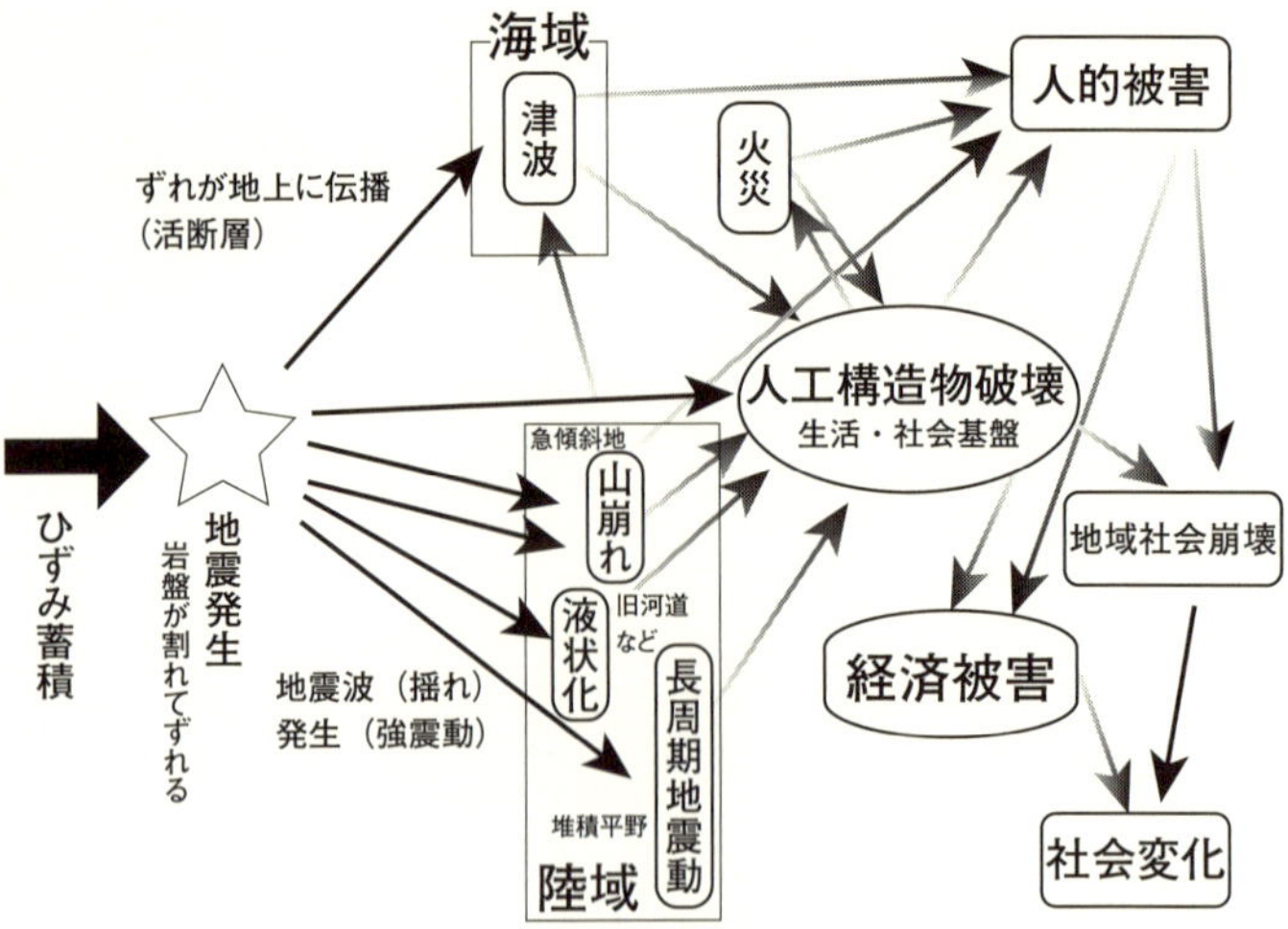

図1－1　地震災害の連鎖・波及

を発生させたりするなど、自然災害が連鎖的に新たな加害現象を生じさせます。一方「ずれ」という誘因は岩盤がずれた場所の直上付近に生じるため、被害は線的にみられる特徴があります。したがって、面的な被害となる「揺れ」に対して、「ずれ」は限られた場所（いわゆる活断層直上付近）でのみ被害が発生します。ところが、「ずれ」は人工構造物を土台から破壊するため、「揺れ」の対策のように頑丈な建物を地盤の良いところに立てても意味をなさない場合があります。また、「ずれ」が、水域で起きると岩盤の食い違いで水が持ち上げられ津波を発生させます。大きな津波は沿岸部で海面を数十メートルも上昇させ、低地にある人工構造物に甚大な被害をおよぼします。次に、「揺れ」

や「ずれ」によって生じた災害によって、例えば水道・ガス・電気などが不通になることがあります。その結果、食事が満足にとれなかったり、寒さ・暑さに悩まされたり、と不便な生活を過ごすこととなります。さらにそうした状況が続けば、衛生面が悪化して疫病が流行ったり、道路や湾港が使用できなくなることで生活物資が流通しなくなったり、さらには重病人の生命維持が難しくなったり、工場の営業ができないことから倒産が起きたりと、今まで享受できた生活を維持できなくなります。不安定な国家で発生すれば暴動や革命につながるかもしれません。このように、地震災害に至るプロセスをみると、私たちが暮らす社会に異常な自然現象が発生すると、誘因と素因が関与しあいながら、自然災害が雪だるま式に大きくなっていくことが理解できるのではないでしょうか。つまり、防災・減災のためには、この災害の波及・連鎖を断ち切ることが必要なのです。

災害誘因となる自然現象のメカニズム――内的営力と外的営力

災害につながるような自然現象の多くは、その際に地形を改変させます。地形学の分野では

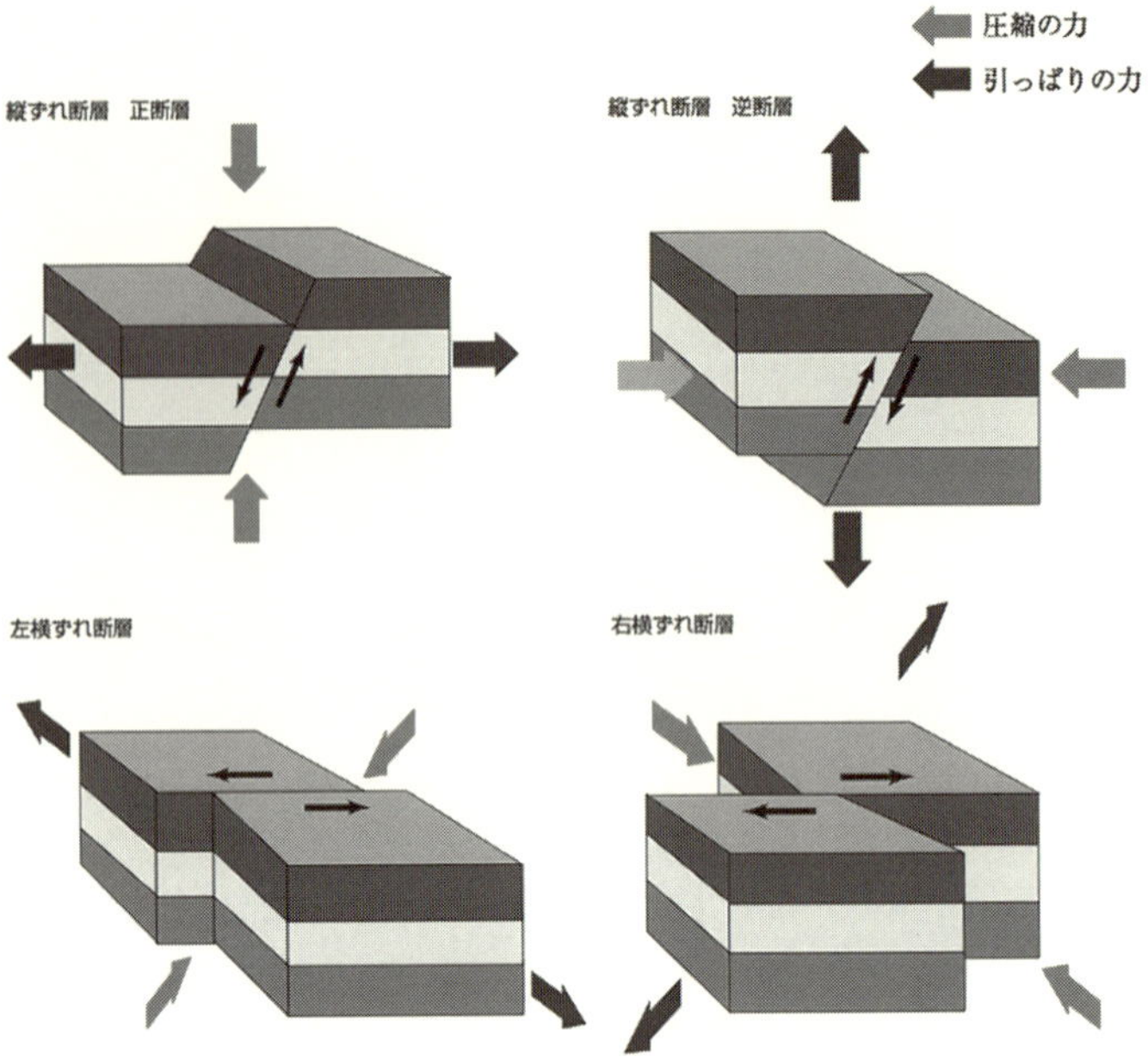

図1－2　断層の種類

出典：文部科学省小冊子「地震の発生メカニズムを探る」

これを内的営力と外的営力に分けます。内的営力は地球内部が冷える作用で、火山や地震などが災害誘因になります。外的営力は太陽の熱や地球の重力などによって地球の表面が平坦になる作用で、大雨やマスウェイスティングなどが災害誘因になります。

内的営力によって起きている現象にプレート運動があります。いわゆるプレートテクトニクスといわれるものです。これは、地球表面は十数枚のプレートと呼ばれる薄い板によって覆われ

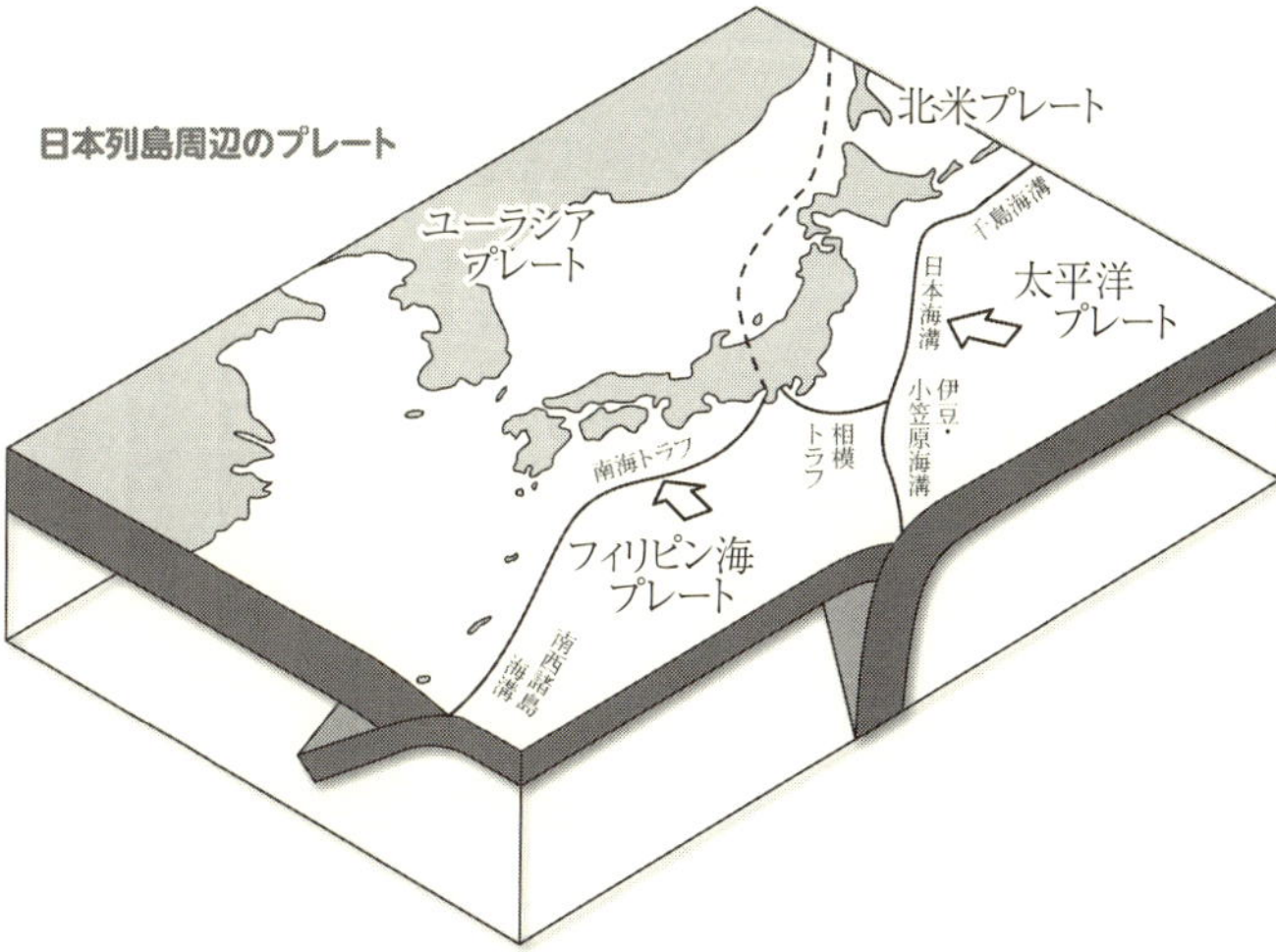

図１－３　日本列島周辺のプレートと南海トラフ

ており、地球内部が冷える過程で起きているマントル対流と呼ばれる運動にあわせてそれぞれのプレートが浮草のように独立した動きをしている、とする理論です。プレートは独立に動くため、その境界部は衝突、引張、すれ違いなどの関係で接することになり、その境界部付近には押したり、引いたり、ねじれたりする力がかかることになります。これらの力によって岩盤が割れると地震になります。この割れ目を断層といいますが、力のかかり方によって割れ方が異なります（図１－２）。圧縮によって片側がもう片側にのし上げる割れ方の断層を逆断層といい、引張（引っぱりの力）によって引きはがされすべり落ちる割れ方の断層を正断層といい、水平方向に剪断される割れ方の断層を横ずれ断層といいます。

日本周辺には四枚のプレートが存在し、プレートとプレートが衝突する関係にあります（図1－3）。そのため多くの地震が発生します。プレート同士が衝突すると、お互いがクシャクシャになりながら境界付近が盛り上がるか、一方の重いプレートが軽いプレートの下に潜り込んでいきます。潜り込んでいくタイプが分布する場所を沈み込み帯と呼びます。東日本大震災を引き起こした日本海溝や南海トラフは、日本列島側の軽い陸プレートに重い海のプレートが沈み込む関係にあります。沈み込むとき、プレートの境界部は滑らかにすべらず、引っかかり（固着）が生じます。この引っかかりによって、沈み込まれる側のプレートも沈み込むプレートと一緒に引きずり込まれ、両プレートの境界部には徐々に圧縮のひずみが蓄積していきます。そのひずみが限界に達すると引っかかっていた（固着していた）岩盤の境界でずれが発生して、巨大地震になるのです。プレート運動は多少の揺らぎはあるようですが、かなり一定の速度で動いているようです。したがって、引っかかっては大地震を起こすというサイクルを一定の間隔で繰り返すと考えられています。

地震は岩盤が割れたときに発生する震えです。私たちが時々経験する小さな地震も毎日たくさん起きている体に感じない程度の地震も同じです。地震が発生するとテレビの速報で「〇〇地方で地震がありました。震源地は△△で、震源の深さは約□□キロメートル、地震の規模を示すマグニチュードは××と推定されます。この地震による津波の心配はありません。各地の震度は……」と流れます。震源地や震源の深さは岩盤の割れた場所を示します。震度は震源ではなく、任意のある場所がどれくらい揺れたかを示します。したがって、私たちが感じるのは震度で、震度が大きいと激しい揺れで被害が生じます。地震の大きさを示すマグニチュードは岩盤が割れた範囲の面積とずれの大きさで決まります。マグニチュードが大きい地震は、広い範囲の岩盤が割れるので広範囲に被害がおよびます。つまり、一つの地震についてマグニチュードの値は一つであり、震度は場所によって大小さまざまになります。南海トラフ地震の震源は海域ですが、マグニチュードが大きいため、西日本の広い範囲に被害がおよびます。

外的営力は大気や海水が循環することで起きる諸現象と重力とが原因の現象で、地表面を平滑化させる作用です。主な災害は土砂災害など山を崩す作用と洪水など低地を埋める作用になります。地震がこの作用に寄与する（誘因となる）こともあります。私たち人間からみれば山は不動に思いますが、地質時代の時間を早回しして山地を観察すれば、山はつねに崩れているようにみえるでしょう。山が崩れるきっかけの多くは雨が降って地盤が緩くなることです。しかし、地震のときに揺すられて崩れることや、活断層によるずれによって崩れることもあります。

洪水によって低い場所には水が押し寄せ、石や砂などの堆積物で埋められます。しかしその堆積物はおもちゃ箱に乱雑に詰め込まれた積み木のように隙間がある状態です。子どもの頃にそのおもちゃ箱をガチャガチャと揺すると隙間がつまって、もう少し多くの積み木を箱のなかに入れることができたという経験があるかもしれません。それと同じように、洪水の堆積物が地震で揺すられると、隙間がつまって地盤が締まります。このときに起きる現象が液状化です。地震で誘発される自然現象については、第3章で詳しく紹介します。

「広域」がもたらす自然災害の多様性

震度が大きい地点では、地震のマグニチュードにかかわらず、地震による直接的な被害は大きくなります。しかし地震災害を被る領域が小規模であるなら、被災することによる社会への影響や打撃は、小さく軽微になることは容易に想像できます。ここでは過去の地震災害を例に「広域」災害ということについて考えてみます。まず、図1－4には二〇一一年東北地方太平

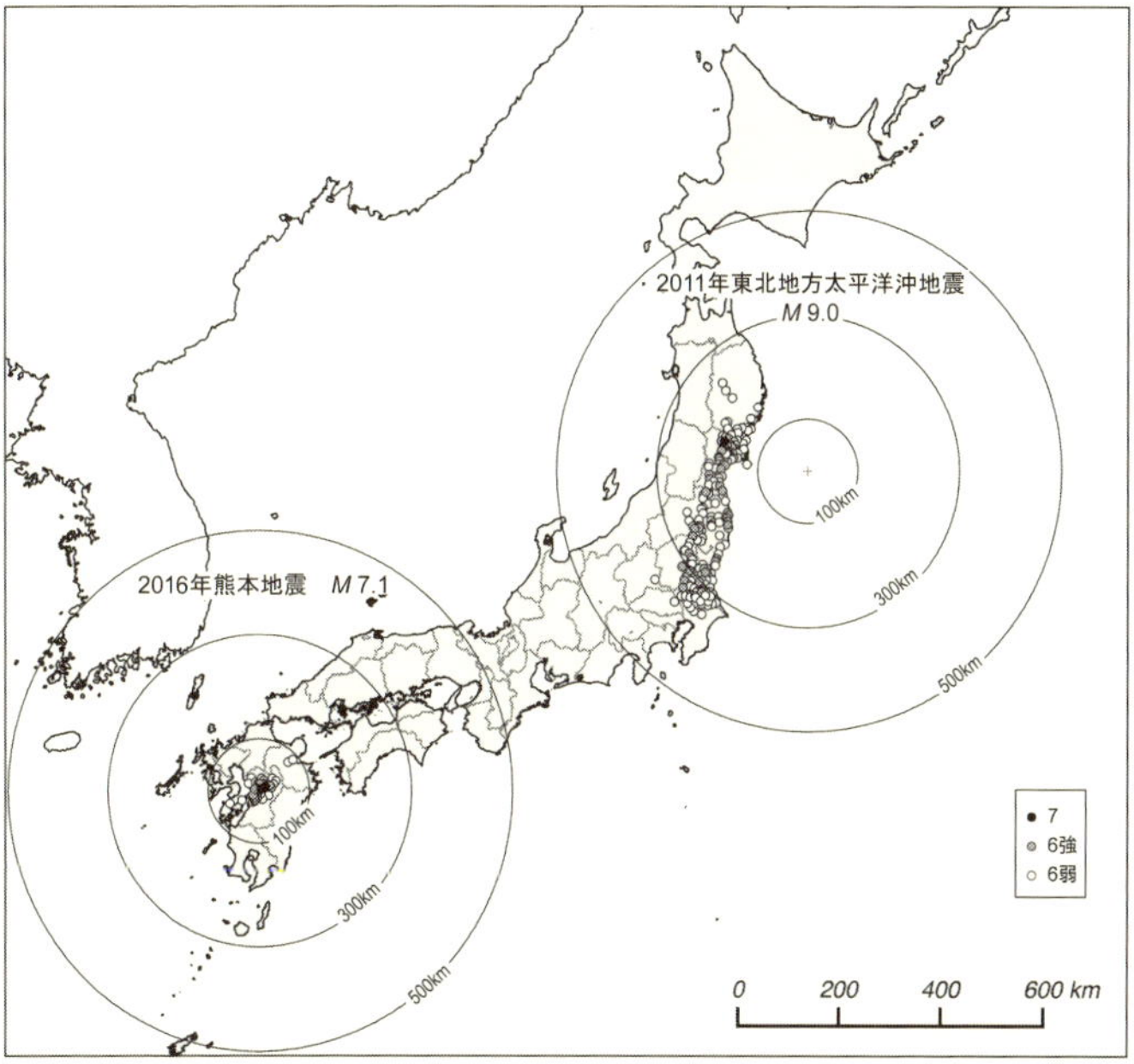

図１－４　2011年東北地方太平洋沖地震と2016年熊本地震における震度分布の比較

気象庁震度データベースより作成。円は震央から半径100km、300km、500km の範囲を示す。

洋沖地震、二〇一六年熊本地震の震度分布を示しています。揺れが最も強かった震度七を観測した観測点は二つの地震とも一～二点あり、同じように被害にあっていると考えられます。しかし、建物や人的被害が生じやすくなる震度六弱以上の領域で比較してみるとその違いは歴然です。熊本地震では震度六弱の領域が震央から半径一〇〇キロメートル以内に十分収まりますが、東北地方太平洋沖地震では震央から三〇〇キロメートル離れた所でも強く揺れています。このときに震度六弱以上を観測した地域は南北約四五〇キロメートル、八県におよびました。

そのため、東北地方太平洋沖地震では、被災地の範囲が広く、平常の生活に戻るまでには長い時間が必要となっています。また、東北地方太平洋沖地震で強く揺れた地域には、物流の要となる高速道路や鉄道、港湾施設、複数の原子力発電所や火力発電所、工業地域が分布し、地質の異なる山地・丘陵・低地があり、人口集中地域も過疎地域も存在しているのです。さらに、海域で発生した地震であるために、強い揺れだけでなく津波を発生させることとなりました。このように被災地域の自然的素因・社会的素因は、広域であればあるほど多様で複雑となります。また、このときに発生した津波は、太平洋を渡ってアメリカで死者を出すにいたるなど、その影響範囲も強震域にとどまりませんでした。このことからも、地震にともなう被害を最小限に食い止めるためには、地震直後の救援・復旧の過程で考慮すべき事象を多角的に見極め、事前にその対策を考えておく必要があります。

その点に関して、自然地理学では地震発生のメカニズムの解明や自然素因の特性を調査し、それをふまえた防災・減災対策の提言やハザードマップの作成、その活用について進めてきました（大矢 1960：大矢ほか 1996：宇井 1997：中田ほか 1998：2004：千木良 2007：水谷 2012：鈴木編 2015：鈴木ほか 2015)。地震災害や土砂災害など自然災害の多くは、起こるべき場所で起こっているともいえます。これらの災害リスクに対する地理的条件を提示してきたことが自然地理学の貢献ともいえます。とくに広域災害となる場合は、自然素因や社会素因の地域差がもたらす多種多様な自然災害を事前に予測・対策をしておくことが発災後に災害を大きくしないために必須になります。

防災・減災にとって自然素因になりうる多様な地域性を明らかにできる自然地理学的調査や情報収集をより一層進めてゆく必要があると考えます。

第2章 人文地理学からの貢献の枠組み

人文地理学分野における災害研究

広域災害については、人文地理学の分野でも研究が進められています。人文地理学で注目されてきた研究テーマは、震災被害と復旧・復興、震災被害における人文条件の影響、避難行動、被災者の生活実態、防災計画と震災復興計画、および防災教育に大別できます。この章では、広域災害に関する人文地理学の研究成果を整理するとともに、緊急物資輸送研究における人文地理学からの貢献の可能性を検討します。ただし、紙面には限りがあるため、研究蓄積をすべて網羅することはできません。この点をご了承下さい（なお、祖田（2015）は英語圏を中心に人文地理学の災害研究をまとめています。この章では紹介しませんが、ぜひ目を通してみて下さい）。

（一）震災被害と復旧・復興

震災被害の把握については、津波浸水域の地図化や、被災者分析の地理的特徴などが研究されてきました。地理学はいち早く、東日本大震災の津波被災マップを作成して公表しています（日本地理学会 2011；原口・岩松 2011；松多ほか 2012など）。これらの地図は、発災当初における被害の状況把握に役立ちました。被災者の分析では、海岸線からの距離が近く、また街が大きいほど、死亡率が高いことが明らかとなっています（谷 2012）。このほかにも、スーパーや商店街などの被災と復旧・復興（荒木 2011；岩間ほか 2013；土屋・岩動 2014など）、震災後における住宅再建の動向（矢ケ﨑・吉次 2014ほか）、医療機関の被災と療養患者への対応（新沼・宮澤 2011；菊池 2014など）、教育機関の被災と現場の対応（井田・志村 2012；鈴木 2012）などが調べられています。さらに、流通システムについても、食品流通の被害状況（荒木 2011）、食品スーパーなどが緊急時に果たす機能（土屋 2012）、震災時における医薬品の流通（Nakamura

2013）などの研究がみられます。漁業や製造業の復旧・復興を論じた研究も、複数存在します（高野 2013：Yokoyama 2013：清水・松原 2014など）。東日本大震災では、福島県の原発事故が深刻な被害を招きました。原発問題は、現在も収束していません。この問題に対し、地理学では、放射能汚染や風評被害、被災者の生活、福島の再生に向けた提言などが報告されています（山川 2013：小山・小松編 2013：高木 2013：2014など）。

阪神淡路大震災や熊本地震などについても、研究が進められてきました。古くは、関東大震災における犠牲者の分布や交通網の被害、市街地の再建とその後の発達などが調べられていきます（田中 1925：菊地 1958など）。阪神淡路大震災では、GISを活用した建物や道路網の被害状況の把握や（碓井・小長谷 1995など）、大震災の被災状況の把握方法の検討（寺木・阪田 2003）などがみられます。また、商業機能やオフィス機能の被害と復旧・復興のプロセスを論じた研究なども存在します（藤塚ほか 1996：古賀 2014など）。東日本大震災と阪神淡路大震災の研究報告を比較すると、被害が広域にわたった東日本大震災被災地のほうが、二次的被害が大きく、また復旧・復興が困難であることがうかがえます。宮城県北部地震や熊本地震に関しても、複数の研究者が都市機能や産業の復旧・復興を調査しています（中澤・村山 2007：能津 2016：大谷 2016など）。

（二）震災被害における人文条件の影響

一般に、震災による被害は、海岸地形や断層帯などの自然条件との関係から議論されます。一方、人文地理学では、人文条件との関係から震災被害を捉えようとする試みがみられます。例えば、建物が古く、木造住宅が卓越する地区では、震災被害は拡大する傾向にあります（香川 1995：藤井 1996など）。貧困世帯や高齢者といったいわゆる社会的弱者が多い地区でも、被害は増幅されます（石井ほか 1996：千葉 2012など）。人文条件が招く間接的な被害も存在します。発災直後における食料や医薬品などの救援物資の欠乏は、被災者の健康を害する要因となります（荒木ほか 2017）。仮設住宅における室内気温の低下や、狭い室内での運動機会の喪失、コミュニティの分断による住民の孤立なども、被災者の健康被害を拡大させます（岩船編 2016など）。さらに、被災地における買い物利便性の低下も、健康的な食材の不足を誘引します（岩間編 2017）。こうしたことも、人文条件に起因した災害被害と位置づけられるでしょう。

（三）避難行動

広域災害が発生したときに人々がどのような避難行動をとったのかを明らかにすることも、今後の防災計画を考えるうえで役立つでしょう。これまでに、台風や地震などの災害発生時における人々の避難行動が、調査されています（松田 1989：青木・林 2009：水木・平川 2011など）。また、ＧＩＳなどを活用した避難経路のシミュレーションや、それにもとづく課題の抽出なども進められています（田中ほか 2016：仁平・橋本 2015など）。これらも、人文地理学の成果に挙げられます。

（四）被災者の生活実態

被災者の生活実態調査を明らかにすることも、人文地理学の重要な研究テーマです。ある研究者グループは、仮設住宅内の各所に温湿計を設置し、仮設住宅の生活環境を詳細に分析しました。また、理学療法士などと連携して、被災者の体力測定や日常生活上での運動量も測定しました（岩船編 2016）。こうした研究は、被災者の生活環境を改善させていくうえで、重要な基礎データを提供してくれます。また、被災地でフードデザート問題が発生する可能性を指摘する研究もみられます（岩間ほか 2013など）。そのほかにも、被災地での医療環境や地域コミュニティの現状などを調査した研究があります（菊池 2014：桜井・伊藤 2013など）。被災者の生活実態を調査する研究者たちは、調査のためだけに被災地に赴いているのではありません。彼らは、長年にわたり、さまざまな被災者支援をおこなっています。被災者から信頼を得ているからこそ、詳細な現地調査が可能となっています。

二〇一七年四月現在、東日本大震災被災地は、一つの転機を迎えています。時間がかかった嵩上げ工事や高台の造成工事が一段落し、災害公営住宅や集団移転団地の建設がいよいよ本格化しています。これにあわせ、仮設住宅を出ていく人々が増えてきました。自力での生活再建が困難な高齢者の多くは、災害公営住宅に転居することになっています。震災により、従来の地域コミュニティは分断されました。仮設住宅団地では、若くて元気な被災者が、高齢者たちを支えてきました。しかし今、若くて元気な被災者たちは、生活を再建させて仮設住宅団地から転出し始めています。災害公営住宅に取り残されるであろう高齢者（社会的弱者）をどうやって支えていくかが、今後の大きな課題です。阪神淡路大震災被災地では、今から二〇年ほど前にこうした転機を迎えました。阪神淡路の災害公営住宅では、社会的弱者の孤立が問題となりました（本岡 2004：山地 2013など）。阪神淡路の先行研究は、東日本における今後の政策に、大きな示唆を与えています。

（五）防災計画と震災復興計画

防災計画や震災復興計画についても、研究が進んでいます。広域災害の発生時には、町内会などの自主防災組織による貢献が期待されます。これまでの自然災害でも、近隣住民の結束力が強く、かつ普段から十分な防災対策をとっている自治会が、効率的な防災行動をとってきました（仁平・橋本 2015：久保ほか 2014：矢ケ崎ほか 2016など）。こうした先進的事例は、これからの防災計画を考えるうえで、有効な知見となるでしょう。また、被災地の復興計画や被災企業の支援制度を検討した研究もみられます（増田 2014：東北大学 2014など）。

㈥ 防災教育

震災経験の共有や防災の意識向上は、学校教育の重要な学習課題です。これらについては、地理教育の分野で数多くの研究がみられます（例えば、箱崎 2012：香川 2013：寺本 2012など）。また、社会全般における防災教育についても、一連の研究がなされています（岩田・山脇編 2013：伊藤 2012：木村 2013、高橋・木村 2009：橋本編 2015など）。

救援物資輸送研究に関連した既存研究の整理と課題

被災地で深刻な物資不足が生じるのは、発災直後の数週間だといわれています(1)（白尾ほか2016など）。食料や医薬品などの不足は、二次的被害を拡大させます。東日本大震災の被災地では、広域にわたって道路網や物流施設が被災したため、救援物資の配送が困難となりました。倉庫などの被災により、物資をストック・分配する拠点も不足しました。さらに、行政機関も混乱していたため、支援を必要とする被災者の把握に時間がかかりました（岩間ほか2013など）。

被災地では、避難所や被災を免れた建物、移動販売車などが、発災当初における物資供給の拠点として機能しました。コミュニティも重要な役割を果たしました。ソーシャル・キャピタル（社会関係資本）(2)が低く、住民の結束力が弱い避難所では、食材の調理や分配が滞りました。一方、地域コミュニティが強固な地域に設置された避難所では、人々が助け合うことで、高齢者などの社会的弱者の支援が円滑に進みました(3)。

発災直後に生じうる二次的被害を最小限にとどめるには、震災に対する耐性が強い救援物資輸送の確立が不可欠となります。人文条件と自然条件を包括的にとらえることができる地理学は、救援物資輸送の研究において、重要な役割を果たすことが期待されます。しかし、残念ながら、現段階においては救援物資輸送に関する地理学の研究蓄積はわずかです。

救援物資輸送で重要なのは、救援物資を送るべきエリア（被災エリア）の特定、自然災害への耐性の強い輸送網（流通システム）の構築、物資をストック・分配するための物流倉庫や店舗など（都市機能）の活用、住民の相互扶助（コミュニティ）による物資の円滑な伝達、および自力で救援物資を受け取ることが困難な高齢者や病人などの居住地域（人口分布）の把握、の五点に整理できます。

被災エリアの特定は、救援物資輸送網を整備するうえでの要です。ハザードマップを援用し、津波による浸水や土砂崩れなどが想定されるエリアを事前に把握しておけば、救援物資輸送の整備が円滑に進むでしょう。その際には、物資輸送におけるリンク（流通システム）とノード（都市機能）をどこに配置するかが重要となります。コミュニティは、高齢者などのいわゆる社会的弱者に救援物資を円滑に伝達するための、ラストワンマイル(4)を埋める役割を果たします(5)。さらに、病人や独居老人などの特別の支援を必要とする人々の所在を平時から把握していれば、救援物資の伝達がスムーズに進みます。

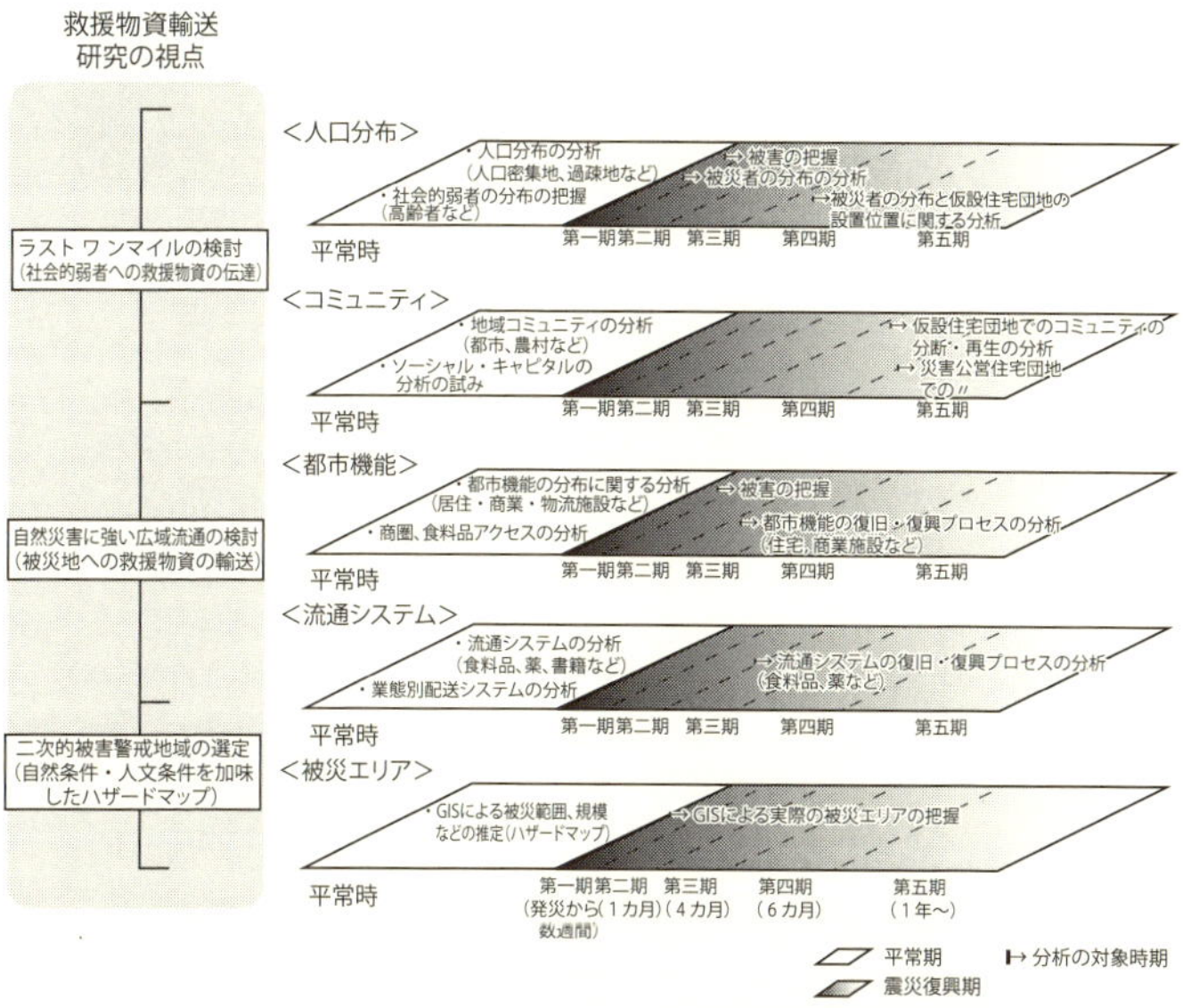

図２－１　人文地理学における先行研究（救援物資輸送に関連する研究）

これらの五つの研究の視点に関して、人文地理学分野のこれまでの研究蓄積を整理したのが図２－１です。なお、震災復興期は、復旧・復興の段階別に示しました。東日本大震災被災地である岩手県下閉伊郡山田町では、第一期（震災発災当初：二〇一一年三月）、第二期（四～六月）：ライフラインの復旧、第三期（七～八月）：地元店舗の段階的な復旧、第四期（九月～二〇一二年三月）：仮設住宅の完成と商業機能の復旧、第五期（四月～現在）：大型店の郊外出店とオーバーストア化、という段階を経て商業機能の復旧・復興が進みました（岩間ほか 2013）。他の被災地も、基本的に同様のプロセスを経たと考えられます。そこで以下では、この時期区分をもとに先行研究の調査対象時期を整理します。

まず、被災エリアの特定に関しては、発災後すぐに公表された津波被災マップが挙げられます。これは、第一期を対象とした研究です。一方、流通システムの分野では、食料品や医薬品などの配送システムの復旧・復興が注目されました。そのため、分析は第三期以降に集中しています。都市機能も同様です。発災直後の被害状況を調査した例もあるものの、研究の多くは第三期以降における都市機能（住宅、商業機能など）の復旧・復興に力点がおかれています。コミュニティ研究の開始はさらに遅く、本格的な調査は仮設住宅団地への入居が完了した第四期以降に始まっています。一方、人口分布に関しては、震災による死者の分布などが調査されました。これは、第一期を対象とした調査です。また、仮設住宅団地や災害公営住宅、集団移転団地などの立地分析も、被災者の人口分布研究に該当します。これらの研究は、第四期以降を調査対象としています。

この図から、人文地理学における災害研究は、被災の現状把握と復旧・復興プロセスに焦点が集まっていることがうかがえます。そのため、第一～二期を対象とした研究はわずかです。また、目の前の事象を詳細に解明する研究が多く、問題解決型の研究は総じて少ないといえるでしょう。

人文地理学における救援物資輸送研究の可能性

人文地理学は、救援物資輸送研究に大きく貢献できるはずです。津波や地震、洪水などに対するハザードマップ作成のスキルは、津波による浸水や土砂崩れなどが発生するであろうエリアの推定だけでなく、震災への耐性が弱い地域（津波から非難できる場所が少ない、交通網が脆弱である、高齢者が多い、など）の特定にも応用できます。

流通システムの研究も重要です。最適な配送ルートや配送頻度は、生鮮食料品や医薬品、建材などの商品別に異なることがわかっています。また、配送コストが高くなる離島や山間部では、都市部とは異なる配送システムの構築が必要となります。図２－２は、長崎県の離島における医薬品の流通システムを地図化したものです（中村 2013）。医薬品は生活必需品であり、流通の維持は不可欠です。しかし、いわゆる僻地における商品の配送は、都市部よりもコストがかかります。五島列島では、医薬品卸がさまざまな工夫を凝らすことでコストを抑え、医薬

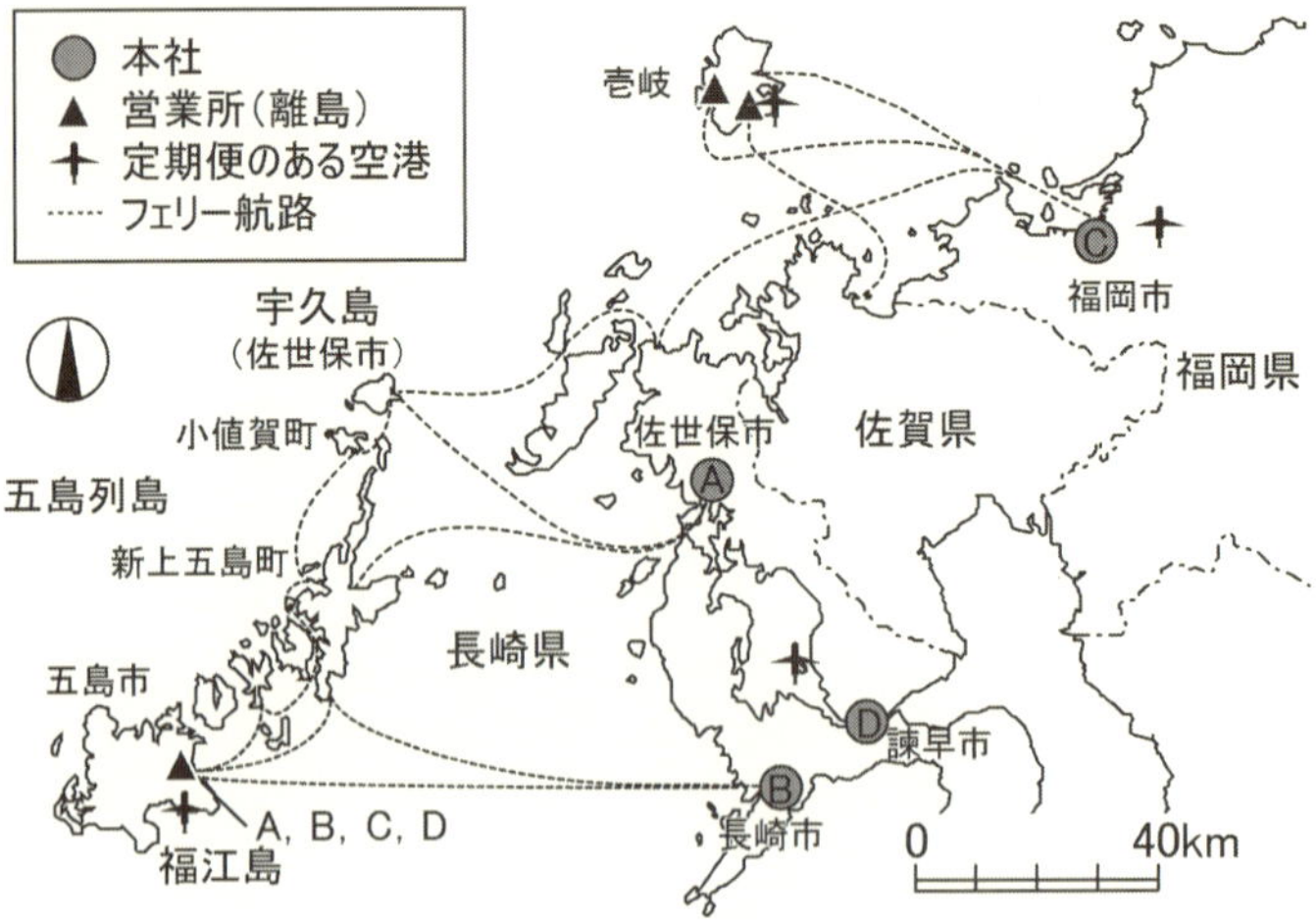

図２－２　長崎県五島列島における医薬品卸の分布（2009年）

出典：中村（2013）

品流通を維持しています。広域災害では、離島や山間部での二次的被害が危惧されます。災害耐性の高い救援物資輸送を検討するには、被災予想エリアを回避する形で配送ルートを設定するだけでなく、離島や山間部ならではの条件を加味した、持続的な流通システムの構築を念頭におく必要があります。

流通に関しては、発災時における流通企業の対応も研究されています。東日本大震災では、コンビニチェーンがいち早く配送を再開させました。例えばセブンイレブンでは、同社がつちかってきた高度な流通システムの活用に加え、新潟・北陸などの他地域の工場からの商品の発送や、自社の店舗管理システムを活用した被災店舗の把握など、さまざまな

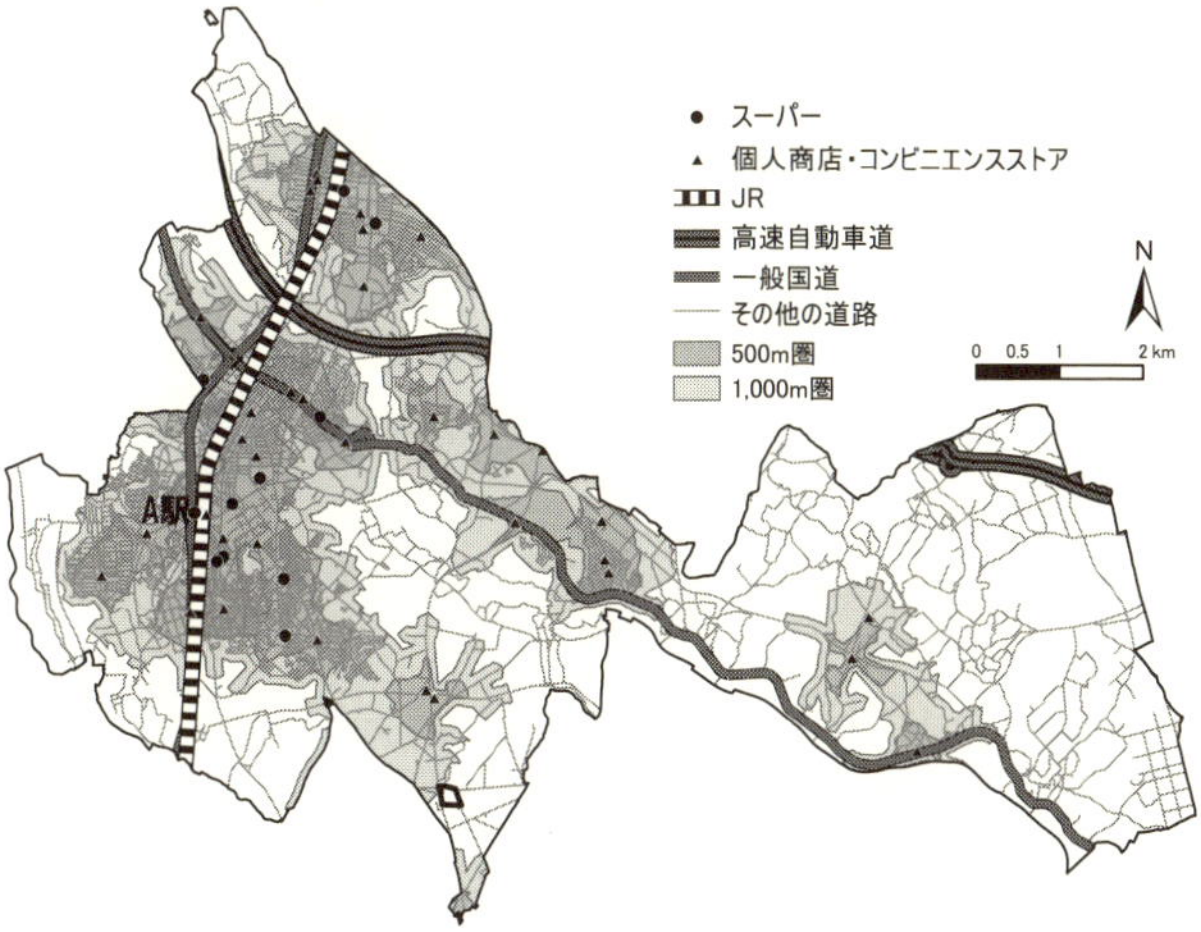

図２−３　地方都市Ａ市における食料品アクセスマップ
出典：岩間編（2017）

対策をとることで、流通システムの早期復旧に努めました。また、仮設店舗や移動販売車もいち早く導入しました。流通地理学で得られているこうした知見は、救援物資輸送にも役立てられます。

都市地理学における都市機能の研究や、商業地理学における商圏調査、消費者の購買行動調査、食料品アクセス調査(6)などは、救援物資の配布拠点（物流倉庫、避難所や仮設商店街、移動販売車の停留所など）を考えるうえで、参考になるはずです。例えば食料品アクセスマップを応用すれば、救援物資の配布拠点を効率的に配置できます。図２−３は、地方都市Ａ市における食料品アクセスマップです（岩間編 2017）。この地図は、ＧＩＳを活用して店舗からの距離を計測することで、買い物先空白地帯を可視化しています。本図における食料品店（スーパーや個人商店・コンビニ）を救援物資の配布拠点に置き換えれば、二次的被害のリスクが高いエリアを、ある程度把握することが可能となるでしょう。

コミュニティやソーシャル・キャピタルに関する研究成果は、ラストワンマイルを埋めるうえで重要です。東日本大震災では、強固なコミュニティを有する地域の避難所で、高齢者などへの支援物資の伝達が円滑に進められました。人口の減少と高齢化が顕著であり、かつ社会インフラの整備が脆弱な離島や山間部では、地域コミュニティが有する相互扶助体制が、災害時の緊急物資の伝達において重要な機能を果たすと期待されます。人文地理学における農村研究は、今なお農村では強固な地域コミュニティが維持されていることを明らかにしています。また、近年では、ソーシャル・キャピタル研究が進められています（埴淵ほか 2010：埴淵ほか 2012：岩間編 2017など）。ソーシャル・キャピタルは、地域コミュニティの結束の程度を定量的に測定するうえで、有効な指標です。ソーシャル・キャピタルは複雑な概念であり、明確な測定方法は確立されていません。しかし、ソーシャル・キャピタルを地図化する試みも始まっています。図２－４は、地方都市Ａ市の高齢者における趣味グループ（カラオケやゲートボー

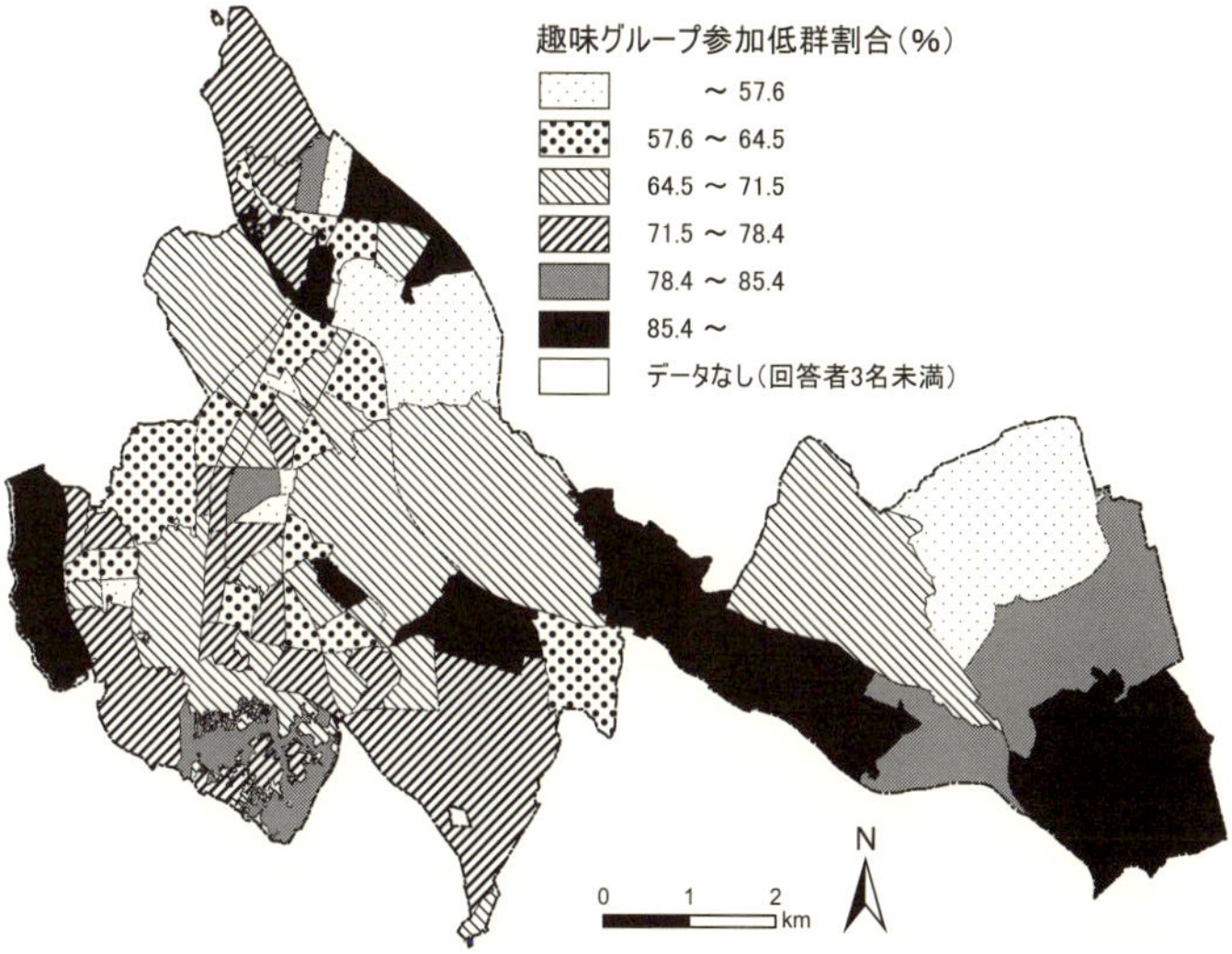

図２−４　地方都市Ａ市における趣味のサークル参加率低群割合（町丁目別）

出典：岩間編（2017）

ルなどのクラブ活動）の参加率を、町丁目別に示しています。趣味グループは水平的な社会組織（参加者に明確な階層性が存在しない組織）に該当します。趣味グループの活動が活発な地域は、ソーシャル・キャピタルが総じて高く、住民の相互扶助体制が強固であることがわかっています。ソーシャル・キャピタルを町丁目や集落ごとに計測しておけば、救援物資を配布する際に、外部からのサポートを必要とする地区を特定することが可能となるでしょう。

人口地理の知見も、災害時に大いに役立ちます。人口過密地域や過疎地域、高齢者をはじめとした社会的弱者の分布を

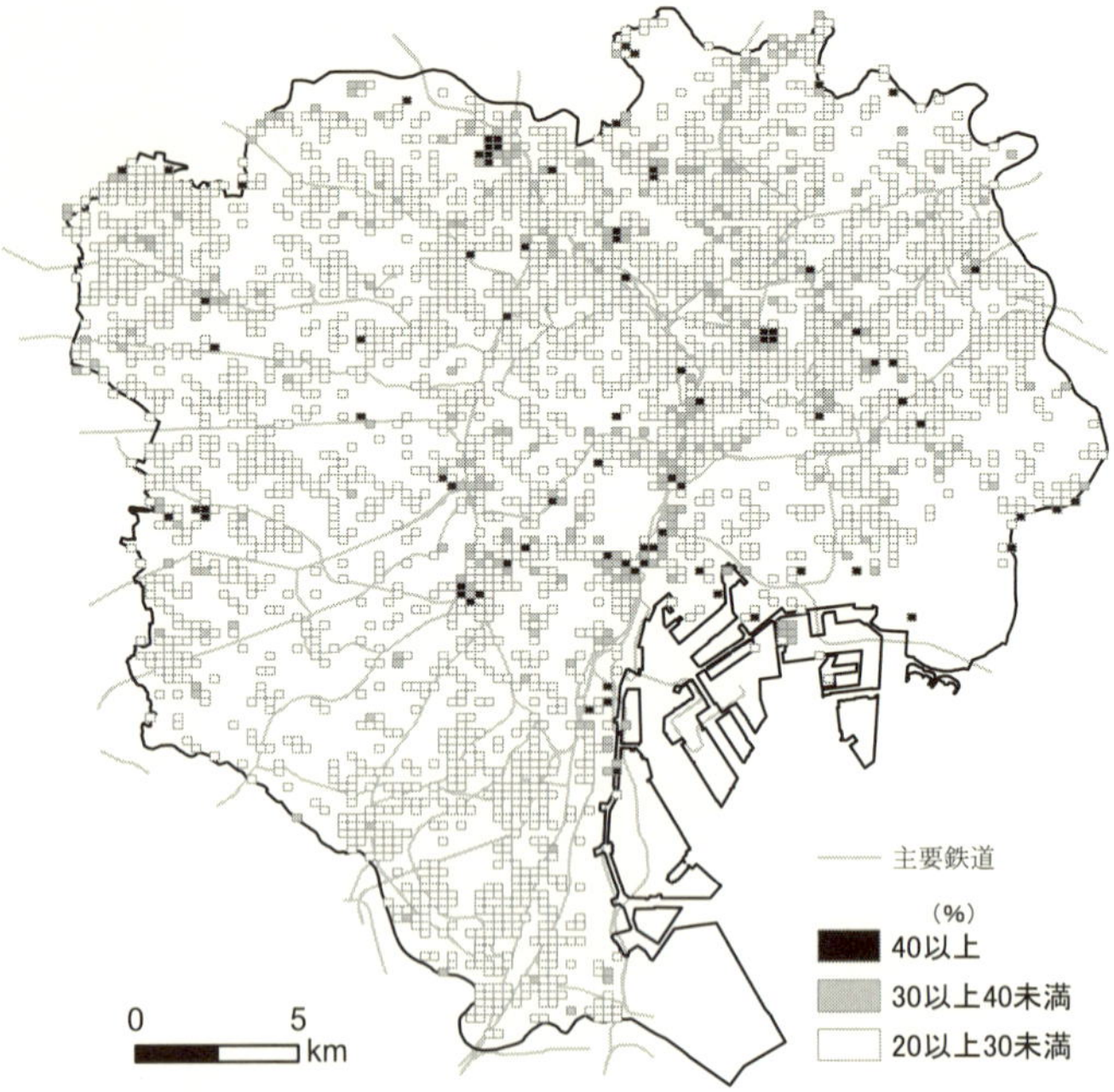

図2－5　5次メッシュによる東京23区高齢者集住地区

出典：田中（2010）

詳細に把握しておけば、救援物資の配送を円滑に進めることができるようになります。ＧＩＳを用いて地域メッシュ統計を分析すれば、高齢者の分布などをミクロスケールで把握することが可能です（図２－５）。

大規模災害における二次的被害を食い止めるためには、救援物資輸送の研究が不可欠です。救援物資輸送の研究で重要なのは、平常時と第一期をまたぎ、かつ被災エリアの特定や流通システム、都市機能、地域コミュニティ、人口分布の把握という複数の研究領域を縦断する包括的な視点です。人文地理学のみならず、隣接する学問分野も含めて、これまでこうした視野からの研究はなされていません。地理学の大きな長所は、地域を人文環境と自然環境から包括的・地誌的にとらえる点にあります。救援物資の輸送に関する研究は、地理学が担うべき研究課題であるといえるでしょう。

注

(1) 例えば岩手県下閉伊郡山田町も、発災直後、深刻な物資不足に見舞われました。現地では、食料品や医薬品、衣類や日用雑貨など、多くの生活必需品が不足しました。また、町役場の職員たちも被災していたため、避難所は混乱していたといいます。当時、山田町の避難所で食べることができたのは、おにぎりなどの炭水化物のみでした。一日に一人あたり、おにぎり半分しか食べられなかった避難所もあったそうです。避難所で肉や魚などの主菜が提供されるようになったのは、発災から六日目以降でした。

(2) ソーシャル・キャピタルとは、社会的ネットワーク（対人間のきずなや集団間のつながり）、およびそこから発生する信頼と互酬性の規範意識を意味します。互いに信頼することができ、困ったときに助け合う関係があり、そして普段から積極的な交流がある方が、住民の間での協力的な行動につながりやすいと考えられます。こうした相互扶助のきずなを、ソーシャル・キャピタルと呼びます。ソーシャル・キャピタルには、知人や友人、地域コミュニティとの結びつきだけでなく、家族とのきずなも含まれます。

(3)　避難所には格差が生じていました。地域コミュニティが強固な地区に設けられた避難所では、住民が自主的に仮設の調理場を設営し、支給された食材を効率的に調理して、みんなで分配することができました。また、自衛隊の基地に近い地区では、自衛隊員が避難所の運営を指揮したことから、食材の調理と分配が効率的に進められました。一方、住民同士の連携が取れなかった避難所では、食料の分配や調理が円滑に進まず、被災者は調理の必要のないパンやおにぎりで飢えをしのいだといいます（岩間ほか 2013）。

(4)　ラストワンマイルとは主に通信業界で使われている言葉であり、最寄りの基地局から利用者の建物までを結ぶ、最後の区間を意味します。流通業では、小売店から消費者の自宅までの区間に該当します。店舗に商品が並んでいても、何らかの理由で消費者が店舗に行けない場合、商品は人々の手元に届きません。また、店頭に足を運んでも、消費者が好き嫌いなどの理由で特定の商品（例えば健康的な食生活維持に不可欠な生鮮食料品）の購入を嫌えば、やはり流通はストップします。商品を消費者の手元に届けるためには、最後のワンマイルを埋める必要があります。

(5)　ラストワンマイルにおけるコミュニティの重要性は、フードデザート研究などからも明らかとなっています。高齢者の食生活とソーシャル・キャピタルには、明確な相関が確認されています。家族や地域コミュニティは、社会的弱者の最後のセーフティ・ネットです。ソーシャル・キャピタルが高い地域に暮らす高齢者は、近隣住民から、買い物支援（買い物代行、自動車による送迎など）や調理のサポート、食生活に関するアドバイス、悩みごと相談などの支援を受けることができます。こうした地域の高齢者は、地域コミュニティからのサポートがラストワンマイルを埋めるため、健康的な食生活を維持することが可能となります。

（6）食料品アクセスとは、自宅から最寄りの食料品店までの距離を意味します。この距離が遠いほど、買い物が物理的に困難になります。食料品アクセスを地図化すれば、買い物が困難なエリアを特定することが可能となります。農林水産省政策研究所が、全国の食料品アクセスマップを公表しています。http://cse.primaff.affrc.go.jp/katsuyat/（最終閲覧日：二〇一七年四月三日）

第Ⅱ部　広域自然災害と物資輸送　事例編

――南海トラフ地震を想定した救援物資輸送の課題

第3章
自然地理学的側面からの現状の救援物資輸送の課題

広域災害時の救援物資輸送を考える場合、広域であるがゆえに、地域性を反映した自然素因・社会素因をふまえる必要性があることは第1章で述べました。ここでは南海トラフ地震被害想定地域の自然素因を中心に解説するとともに、そもそもの自然現象がいかに多様であり、発災時にそれらが複雑にからみあったパズルをとかなければならないことを紹介したいと思います。

南海トラフ地震被害想定地域の自然地理的特徴

南海トラフ地震被害想定地域、とくに南海トラフに近い太平洋側の地形は、中央構造線南側に連なる急峻な山地によって特徴づけられます（図3－1）。これらの山地は中央部に隆起の中心をもつ曲隆山地で、ちょうど隆起の中心の南側には潮岬、室戸岬、足摺岬といった太平洋に突き出した半島がみられます。また、岬付近には複数段の海成段丘が発達し、先端ほど、その隆起量が大きくなっています。これは南海トラフに沿って起こる巨大地震の際に、半島先端部がより大きく隆起する運動が起こり、そのような動きが繰り返された結果といえます。

山地を流下する河川の谷底平野はいずれも狭く、盆地らしい低地は開かれていません。逆に広さのある低地が存在するのは、中央構造線より北側の瀬戸内海沿岸や河口付近の沖積低地くらいです。このような急峻な山地で低地が少ないという地形的特徴は、山地を縦断・横断するような道路や鉄道の敷設を遅らせることの要因ともなっています。このような道路・鉄道が、救援・支援において重要な役割を果たすことは、東日本大震災の「くしの歯作戦」で示された

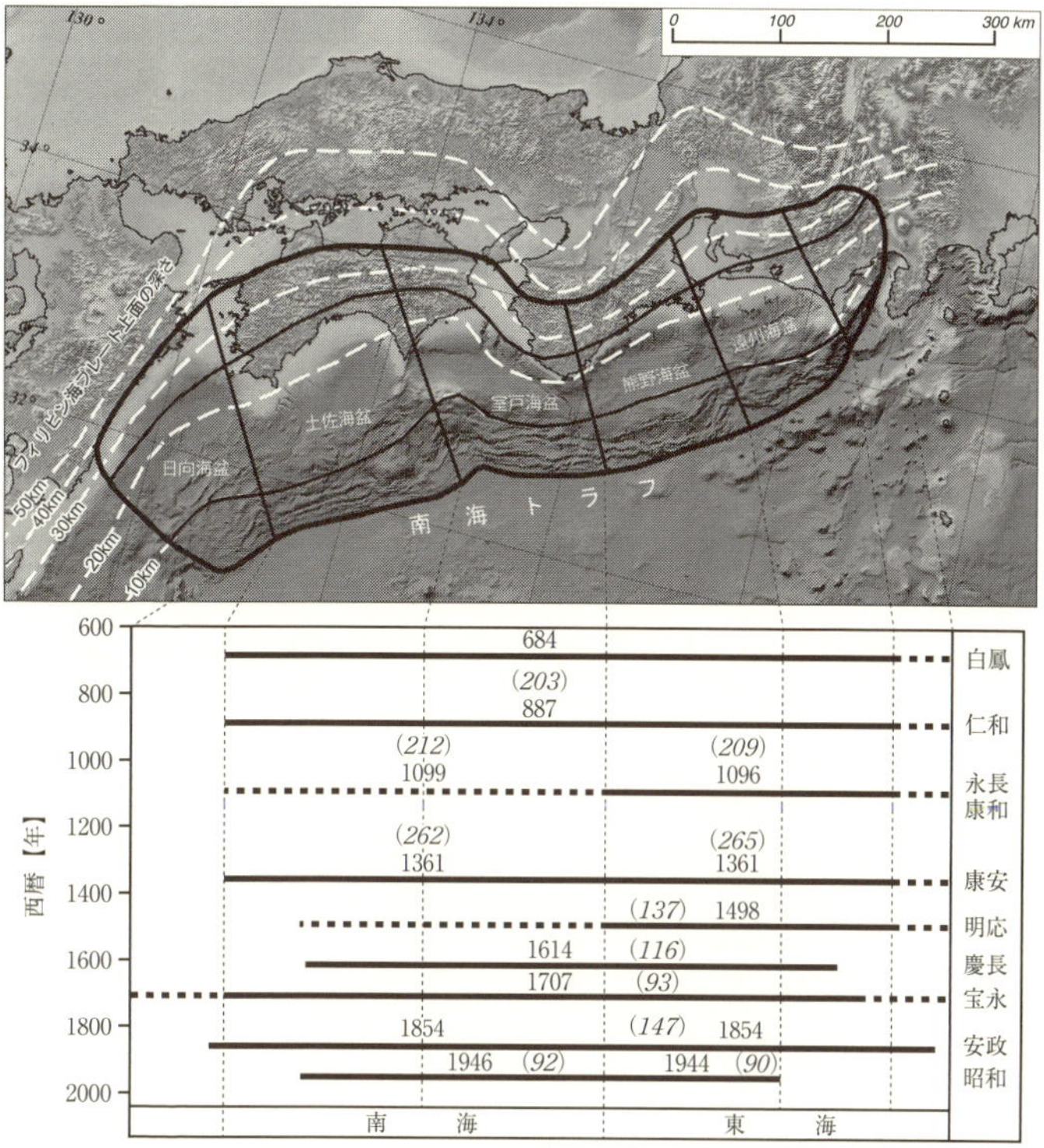

図3－1　南海トラフ巨大地震の想定震源断層域（上）と過去の南海トラフ地震の震源断層域（下）

南海トラフ巨大地震の強震断層域はフィリピン海プレート上面の深さ約10kmまで、深さ約10kmからトラフ軸までの領域は津波断層域として、津波地震を引き起こすすべりが想定されている。過去の南海トラフ地震については石橋（2014）による。太実線は地震時に破壊したことが明らかな領域、破線は破壊した可能性がある領域、カッコ内の数字は発生間隔（年）を示す。

ことです。東日本大震災の被災地域である東北日本は南北方向に延びる逆断層によって、南北方向に連なる山地と盆地・低地列が形成されています。この逆断層が形成される要因は、ユーラシアプレートの東進と太平洋プレートの西進によって、ほぼ東西に強く圧縮される力が岩盤に働いているためですが、このように南北に連なる地形に即す形で、基幹道路や鉄道が敷かれてきました。このことは東日本大震災時に比較的早急に被災地を縦断する東北自動車道が開通し、救援物資の輸送ルートを確保することに寄与しました。しかし、そのような東日本大震災での「くしの歯作戦」成功例は、残念ながら、南海トラフ地震の被害想定地域には当てはまりそうにありません。つまり、南海トラフ地震による被災地を最短に縦断するようなルートが、一条になることはありません。そのため現状の交通網に頼ったルート選定だけでなく、他の輸送方法を考える必要があります。

津波の波源域に注目すると、ここでも東北地方太平洋沖地震と南海トラフ地震との違いがみえてきます。東日本大震災の場合、津波の発生源となった日本海溝は水深九〇〇〇メートルと非常に深いのですが、沿岸から海溝軸までは約二〇〇キロメートルないし、それ以上離れていました。一方の南海トラフは水深四〇〇〇メートル程度と日本海溝よりは浅くなっています。そのため、同規模の地震が発生したと想定した場合、津波の規模や進む速度は日本海溝付近で発生したそれらよりも小さく遅くなると考えられます。しかし、南海トラフの海溝軸は沿岸から最も離れたところでも約二〇〇キロメートルであり、最も近い静岡付近では五〇キロメートル程度しか離れていません。つまり東北地方太平洋沖地震の津波（押し波）は、最も早い岩手県大船渡でも地震の揺れを感じてから約三〇分後だったのに対して、南海トラフ地震の場合は、揺れを感じてから一〇分以内に、沿岸部に到達する地域が複数存在するのです。人命が助かるかどうかは、地震時にいかに迅速な避難行動が取れるか、避難に適した場所が近くに存在するのかということに大きく左右されるわけです。このように、ざっとみただけでも南海トラフ地震被害想定地域の自然地理的特徴が、東北地方太平洋沖地震被害地域とは大きく異なることがご理解いただけたのではないでしょうか。来たる南海トラフ巨大地震に備えて、こうした西日本の地理的条件をふまえた防災・減災対策が求められています。

南海トラフ沿いで発生する巨大地震の姿

南海トラフ地震は、東西に延びる南海トラフと呼ばれるフィリピン海プレートがユーラシアプレートに沈み込むプレート境界で発生する巨大地震です。南海トラフ地震は歴史資料から世界で最も発生履歴が明らかにされている地震であり、最も古い記録は『日本書紀』にある天武一三（西暦六八四）年の白鳳地震です。それ以降、記録として残っていない地震も含めて九〇～一五〇年間隔で繰り返し発生したとされ、履歴から南海トラフは東海、東南海、南海の三エリアでそれぞれ固有の地震を起こす能力があると考えられています。そして、発生する地震は時には三エリアが連動して超巨大地震に、時には時間をおいて複数の巨大地震になると考えられてきました（図3-1）。しかし、二〇一一年の東北地方太平洋沖地震が想定を上回る超巨大地震であったことで、南海トラフ地震も震源域の多様性を考慮されるべきだと考えられるようになりました。地震調査研究推進本部（以下、地震本部）は、南海トラフ地震の震源域を従来よりも広範囲に想定し、プレート境界に沿う東西方向に六分割、プレート境界に直交する南北方向にも三分割し、その組み合わせで多様な地震が発生し、最大でマグニチュード九・一の南海トラフ巨大地震が起こると考えたのです。

プレート境界型地震はプレートとプレートとの食い違いが固着域で引っかかることでひずみが蓄積し、それが限界に達すると破壊することで発生します。そのひずみは日々確実に蓄積されています。南海トラフ地震に関しては、歴史記録の欠損がないと考えられる一三六一年の天正地震以降、おおよそ九〇～一五〇年間隔で地震が発生し、地震間に蓄積されたひずみを解消してきました。このひずみの解消は地震ごとにゼロになるわけではなく、小さめの地震ではひずみは解消しきれず残った状態になると考えられます。この考えに従えば、小さめの南海トラフ地震が発生した場合、次にひずみが限界に達して南海トラフ地震が起きるまでの期間は比較的短いと思われます。ここで次の南海トラフ地震を想像してみたいと思います。前回の南海トラフ地震は一九四四年と一九四六年に発生しました。一九四四年には東南海エリア、一九四六年には南海エリアのひずみが解消されたわけですが、地震の規模はそれぞれマグニチュード七・九と八・〇とこれまでに発生してきた歴史上の南海トラフ地震と比較すると小さかったのです。そのため、次の南海トラフ地震までの期間は短いのではないかと危惧されています。このように、一般的には、南海トラフ地震と一括りにされてしまいますが、地震の規模、震源域、発生時期など、その地震像は意外に多様で、予測を難しくする要因でもあります。

地殻変動が物資輸送に与える不都合

地震にともない、岩盤の「ずれ」である地表地震断層（活断層）が出現した例を耳にしたことがあるかと思います。このような地面の動きは地殻変動と呼ばれます。実は地震時の地殻変動は地表地震断層の範囲を超え、広範囲におよびます。地殻変動は、地震時以外にも生じており、火山活動などによっても生じます。近年では地殻変動の計測技術が進歩し、衛星を用いたGPS観測や合成開口レーダーによる計測が導入され、高精度で連続的に地殻変動を観測することが可能になってきました。そうした技術がないときは、日本全国に設置されている三角点や水準点を繰り返し測量（三角測量、水準測量）することによって明らかにされてきました。

日本の地殻変動の基盤観測網として、国土地理院のGEONETがあります。GEONETはGPS衛星を用いて、日本各地に設置された電子基準点の変動を観測しているものです。その運用は一九九六年に始まり、それ以降日本の地殻変動を観測してきました。GPSによって観測される地殻変動は、地表面のある地点が、どの方向にどれくらい動いたのかをとらえています。例えば、東北地方太平洋沖地震が発生する前の東北日本では、日本海溝や千島海溝を境に太平洋プレートが年間約八〜一〇センチの速さで日本列島の下に沈み込んでいました。その際、陸側のプレートとの境界面は摩擦によって一部固着しているために陸側のプレートは西方向へと押されることになります。その様子は陸上のGPS観測によって、東北日本が西方向へと移動しているようにみえていました。それが、東北地方太平洋沖地震のときには、宮城県石巻市など沿岸部の広い地域で南東方向へ戻ると同時に、地盤の沈降が起こったことを観測しました。

次回の南海トラフ地震の地殻変動を予測するために過去の南海トラフ地震で生じた地殻変動をみてみましょう。一九四六年昭和南海地震の記録が存在します。この記録は、当時の地理調査所（現在の国土地理院）が水準測量によって求めた記録です。それによると、四国の室戸岬では約一・二メートル、足摺岬では〇・六メートル、紀伊半島の潮岬では〇・七メートル土地が隆起し、高知付近では〇・六メートル沈降したとあります。このように海溝に近いところほど隆起し、海溝から離れたところでは沈降するという南北性の隆起・沈降パターンがみられました（図3－2）。南海トラフ地震では、東北地方太平洋沖地震のような日本海溝で発生する地震に比べて、地殻変動の影響がおよぶ地域が陸域の広範囲に広がる特徴があります。これは海

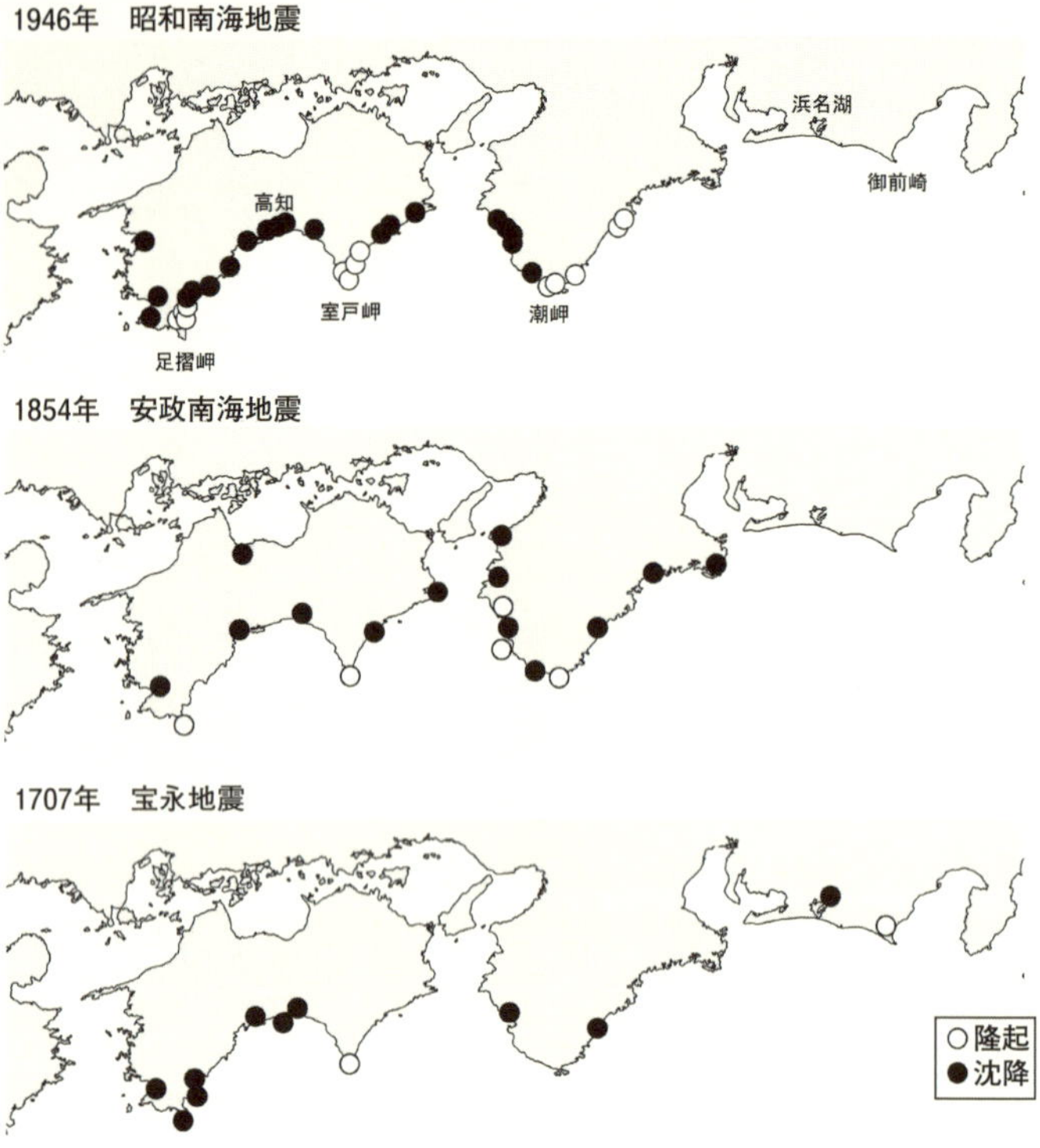

図3－2　過去に発生した南海地震の地殻変動

溝軸が陸地に近いところに位置するうえに、プレート境界の傾斜が緩やかなためです。しかし、過去の地震と比較すると、隆起と沈降の範囲が地震によって異なっています。例えば、静岡県御前崎と三河湾の間にある太田川低地や浜名湖付近は宝永地震で沈降したのに対して、安政地震や昭和東南海地震では隆起しています。高知平野では宝永南海地震によって沈降した地域（津波が収まったあとも浸水がひかなかった地域）が、安政南海地震や昭和南海地震のときよりもはるかに広かったといわれています。このような隆起・沈降のパターンはどの範囲（深さ）まで、断層がずれたのかで決定されます。具体的には、プレート境界の深くまで地震のときに岩盤がずれた超巨大地震であれば沈降域は陸側に寄り、浅い部分までしかずれなかったやや小さめの大地震のときであれば沈降域が海側に寄ることになります。ここで思い出していただきたいのが、地震本部が想定した地震像にいくつもの組み合わせが考えられていることです。過去の南海トラフ地震の地殻変動で認められた差異は、どの領域がどの程度動いたのかという南海トラフ地震の多様性を示していると考えられます。隆起・沈降パターンの理論は比較的単純なのですが、その地殻変動の量や隆起と沈降の境界部の位置は、地震の規模によるために事前に予測することは難しいです。南海トラフ地震が発生したとき、隆起すると想定していた場所が実際には沈降すると、それによるダメージは大きかろうと想像してしまいます。

沿岸部で沈降が起きると津波が来襲する前に浸水が始まる可能性があります。実際に高知平野では昭和南海地震の際に地震直後に浸水があったことが伝えられています。また、地震の揺れがおさまり、津波の難を逃れたとしても、こうした地殻変動により浸水して救助・救援が困難になったり、排水システムが機能しなくなったりします。一方、湾岸部などで隆起が起きると船の着岸が困難になったりすることも考えられます。

二〇一一年東北地方太平洋沖地震の被災地では、沿岸部が沈降したことによって、土地が消失し、高潮や洪水被害、塩害のリスクが高まったといわれています。また、一方では地震後六年近く経過した現在までに大きく隆起に転じている場所もあり、地震直後に湾港を修復・整備した地区では、相対的に海面が低下し船荷を上げにくくなってしまうなどの障害が発生していると聞きます。このように地震にともなう大地の動きの影響は、そのときばかりでなく、数年～数十年オーダーでの長期的な変動を想定しておく必要があります。

津波災害の多様性とその影響――紀伊半島沿岸と伊勢湾沿岸を例に

東日本大震災は大きな地殻変動にともなって大津波が発生し、大きな被害が出ました。津波被害の特徴として、被害エリアと非被害エリアに明瞭な境界があることが挙げられます。そのため、安全な場所を後世に伝えようと、神社、石碑、伝承などが太平洋沿岸には多く残っています。津波とはどんな波なのでしょう。「神奈川沖浪裏」（図3－3）という葛飾北斎の絵を一

図３－３　葛飾北斎の神奈川沖浪裏の絵

度は目にしたことがあるのではないでしょうか。北斎の作品で世界的に最も有名な木版画ともいわれます。津波のイメージとしてこの絵が使われることがありますが、この絵の波は津波ではなく、大しけの大波です。そもそも、津波の語源は「津」で発生する波を意味します。「津」とは集落が形成された港の意味で、津波は沖ではなく港で発生する波という意味です。津波は普段よく海で目にする数秒から数十秒で寄せては返す波とは異なり、波の周期が一〇分程度から一時間程度にもなる長周期の波です。そのため、津波は波というよりは海面が上昇する潮位変化であり、水の塊が押し寄せると表現したほうが適切です。この潮位の変化は海の水深の平方根（ルート）に比例した速度で移動します。

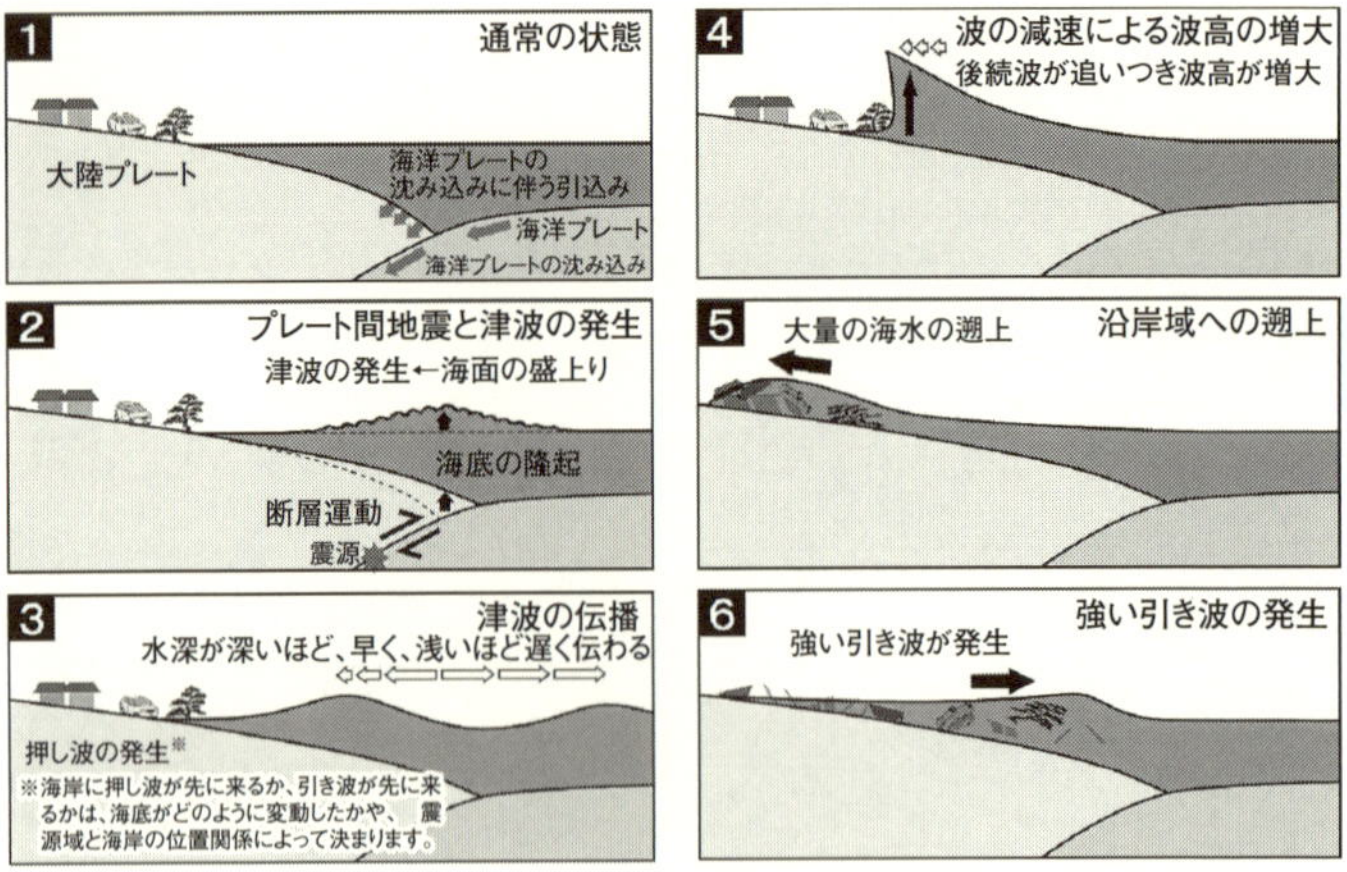

図３−４　プレート境界型地震と津波

出典：地震本部ＨＰ

その速度は海岸に近くなって海底が浅くなると急激に遅くなるため、後続の波が追いつき波高が高くなっていきます（図３－４）。一方、沖合で漁をしている漁師などは潮位の変化で海面が盛り上がることがあっても波が荒れている感覚はないのです。これが、津波が「津」だけで顕著に大きな波になる最大の理由です。

津波の高さを示す指標として、津波高（津波の高さ）、遡上高、浸水深という言葉が使われます。図３－５に示すように、津波高は津波の振幅をさし、遡上高は波の遡上した高さ、浸水深は津波のときの水の深さです。予測される津波の高さとは沖合での津波高のことであり、被害に直結するのは遡上高や浸水深になります。津波の高さは海岸に近くなると島や海岸で波が

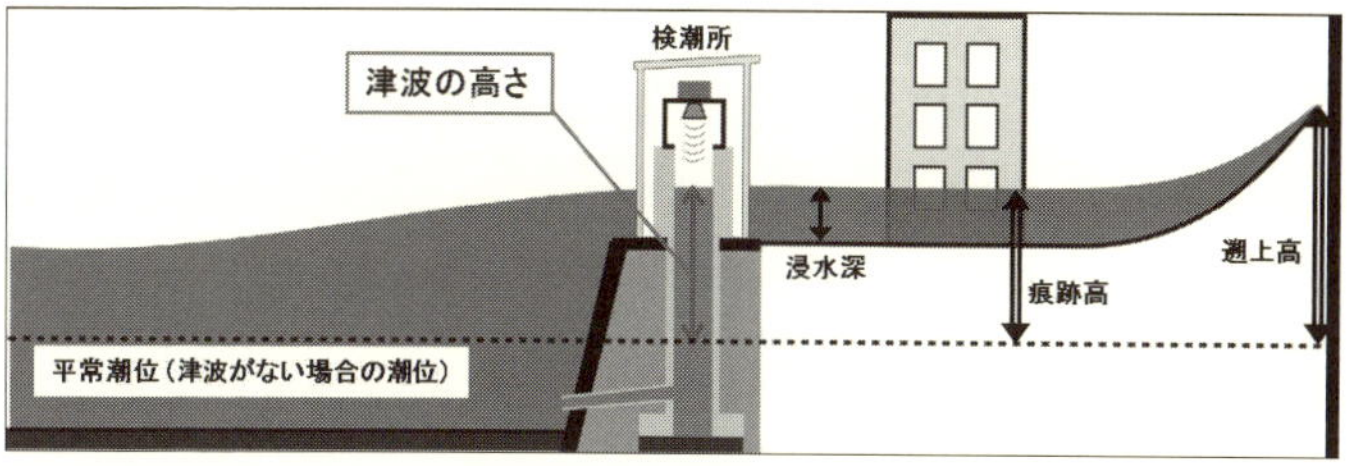

図３－５　遡上高と浸水深、遡上高の関係

出典：気象庁ＨＰ

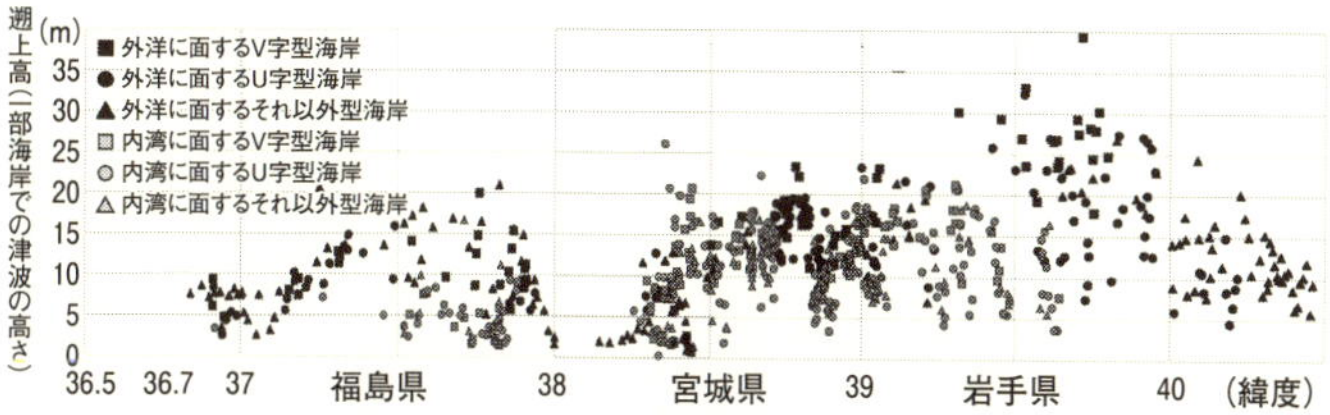

図３－６　2011年東日本大震災の津波の高さ

反射したり回折をしたりして合わさることで高くなります。湾の奥が狭まるような場所では湾の奥に向かって水が集められ津波の高さが変わります。また津波は緩斜面を這い上がることも知られています。このように津波は沿岸部の海底地形や海岸付近の地形といった局所的な条件で高さが変化するため、遡上高や浸水深は予想される津波高を大きく上回ることがあることに留意しておく必要があります。

　では、どのような場所で津波は高くなるのでしょう。図３－６は東日本大震災の際に三陸海岸に沿って記録された津波の高さの値で、直接津波が当たる外洋に面する地点と当たらない内湾に面する地点に分け、さらに海岸線の形状をV字型、U字型、それ以外に分類して示したものです。この図から、隣接した場所でも津波の高さが大きく異なること、前述のように外洋に面したV字型の湾で高くなる傾向があることがわかります。図3－7は明治以降に三陸海岸を襲った四つの津波の遡上高を明治三陸津波の遡上高と比較して示したものです。この図からいえることは明治三陸地震津波と昭和三陸地震津波は、津波が直接押し寄せるような外洋に面した地点で高く、湾の奥などではあまり高くない傾向がみられるということです。それに対してチリ地震津波では、逆に外洋に面する地点よりも湾の奥で遡上高が大きい傾向がみられ、東北地方太平洋沖地震津波では岩手県の外洋に面した地点のほうが湾の奥より遡上高が高くなる傾向がみられ、隣の宮城県では湾の奥でも遡上高が高いことがわかりました。つまり、湾の形だけでなく、発生した津波の特徴によって津波の高さが変わり、被害が出る場所も異なるのです。なぜ、このような違いが生じるのか、その謎解きのキーワードは、湾がもつ「固有周期」にあります。

ここで簡単に周期について木琴を例に説明します。木琴は同じ材質の板を同じバチでたたいて「ドレミファソラシド」と演奏ができます。違うのは板の長さと板の留め金の位置です。音の高さは音の振動の回数（周波数）によって決定されます。高い音ほど振れる回数は多く（高

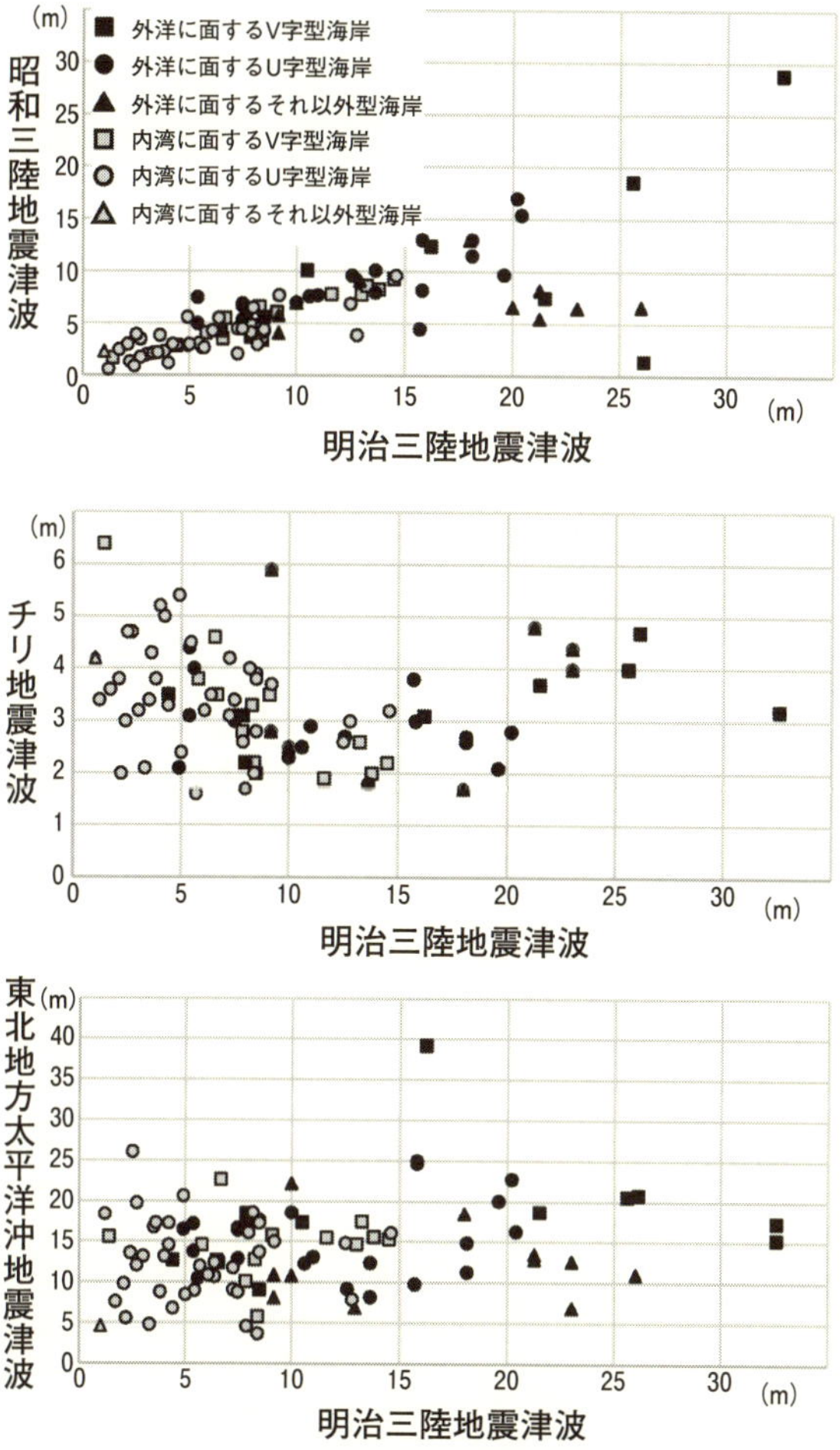

図３－７　明治三陸地震津波と昭和三陸地震津波、チリ地震津波、東北地方太平洋沖地震津波の比較

周波）なります。先ほどの「周期」というのは振動が一回振れるのにかかる時間を表します。つまり、高い音ほど周期は短くなります。木琴の一枚の板は毎回同じ音を出すのは、板が固有の周期をもっており、その周期で震えやすい（共鳴する）からです。こうした固有周期は形あるものすべてに存在します。湾の場合は、その海底地形や海岸の形状によって周期が決まっていきます。一般に奥まった湾ほど長い周期となります。そして、湾の固有周期と津波の周期が一致すると共鳴して津波の高さが高くなると考えられるのです。つまり、昭和三陸地震津波と明治三陸地震津波は津波の周期が短く、外洋に面した湾港で津波の遡上高が高くなったのに対して、チリ地震津波は周期が長く、大きな湾のなかで遡上高が高くなったと考えられます。また、東北地方太平洋沖地震津波は岩手県側と宮城県側で異なる性質をもっていたと考えられます。

以上のように、津波の遡上高は、発生した波の性質である海水（海底）が上下に動いた量とその周期（波長）に海底地形や海岸の地形が作用して決まります。発生する波は岩盤の「ずれ」による海底の地殻変動によって生じます。鉛直方向のずれ量が大きいほど高い波になるので、逆断層や正断層のときに高い波が生じます。ずれた面積が深さ方向に広いほど長周期（長波長）の波になります。したがって、岩盤のずれ量とずれた面積が同じであれば、断層の傾斜角度が急であれば波高は高く短周期の波に、緩ければ波高は低く長周期の波になります。

この考え方にもとづいて、歴史上の東南海地域の伊勢湾や紀伊半島における南海トラフ地震を検証すると、最大級とされる宝永地震や安政地震では津波が最大値を記録する地域が多く存在します。しかし、伊勢湾のなかではそれらの地震より、明応地震時の津波が最大値になる地点が多く存在します。伊勢湾が奥まった湾であることを考えると、明応地震は宝永地震や安政地震に対して長周期の津波だった可能性を指摘することができます。このように、南海トラフ地震には、多様性があるため、その影響は津波災害にも現れることも考えておく必要があります。ハザードマップは参考になりますが、その計算に用いられる津波の発生源である海底の地殻変動の性質を見積もるのは簡単ではなく、長周期の波が発生すれば大阪湾や瀬戸内海でも被害が大きくなるかもしれません。また計算に用いられる海岸地形や海底地形のデータの精度にも限界がありますし、防潮堤をはじめとする人工構造物が地震時の破損により機能低下することなどをくまなく計算することはできません。したがって、実際の津波が想定を超えることもありえることを念頭に入れておく必要があります。

土砂災害の多様性とその影響――四国山地と紀伊山地を例に

一般に、地すべりや土石流をはじめとする土砂災害は、豪雨などによっても発生することが多いとされます。それは風化した山地表面の地盤に水が浸透することによって、風化層と未風化層との間に水が入り、両者の間で生じていた摩擦力が低下するために発生すると理解されるからです。しかし、両者の摩擦力を越える揺れが加わることでも、土砂の移動は発生します。そのため地震にともなう崩壊や地すべり、土石流による土砂災害の例は枚挙にいとまがありません。また、豪雨にともなう土砂移動は集水地形との関係が深く、谷や急傾面で発生することが多いのに対して、地震にともなう土砂移動では、尾根そのもの、あるいは小高い山一つが、崩壊する場合があります。例えば、一九八四年長野県西部地震では、御嶽山の山体が崩壊し、引き続く岩屑なだれによって東京ドーム二六杯分の土砂の移動が起こりました。二〇〇八年岩手・宮城内陸地震では戦後最大規模といわれるほどの巨大地すべりが発生しています。規模は長野県西部地震の倍ともいわれています。地すべりは、すべりやすいある特定の地層をすべり面にもつことがあり、過去に大規模崩壊が起きた場所は、今後も地すべりを発生させやすいといえます。しかし、いずれの地震においても、大規模崩壊の発生場所と過去に大規模崩壊が起きた場所とは必ずしも一致していませんでした。このことは過去に発生した地すべりや崩落を記している、一般的な地すべりハザードマップでは、その危険性を十分に読み取ることができないことを示唆します。つまり、「地すべりハザードマップで表示されている地すべりを避ければ安全である」と安直にとらえてしまうのは危険です。ただし、過去の災害経験から、地すべりや崩壊が発生しやすいのは第四紀火山周辺や新第三紀層地域など脆弱な地質からなる山地で、褶曲や断層構造があったり、谷が深く刻まれて起伏量が大きかったりと、岩盤がより不安定な状態にある場所であることもわかってきています。そのため、南海トラフ地震の被害想定地域内での土砂災害リスクの強弱を示すことができると考えられます。

一方、地震動を受けた地盤は、それまで噛み合っていた粒子（岩石）の構造が変形し、緩んだ状態になりやすいうえに、崖崩れや亀裂によって地盤がむき出しになることもあります。そのため、地震時に崩壊や土石流が発生していなくても、その後の雨や余震活動によって土砂が流出しやすい状況にあります。例えば、二〇一六年の熊本地震によって大きく揺れた阿蘇地域の黒川流域では、地震後の梅雨前線の影響を受けて立野地区を埋積する土砂災害が生じています。とくに、阿蘇地域で土砂災害が目立った理由として、阿蘇地域の地形が阿蘇山をはじめとする火山活動でもたらされた噴出物によってつくられたことが挙げられます。第四紀後期という比較的新しい時代の火山噴出物は、脆いうえに透水性も高く、その堆積構造も山地斜面に平行するものです。そのため、重力に従った移動が発生しやすい条件が整っているといえます。このように脆弱な地質によって構成されている地域では、地震時のみならず、その後の余震活動や風雨によって土砂移動が生じやすく、場合によっては大規模崩壊を起こす可能性があることを想定しておく必要があります。

では、南海トラフ地震によって強く揺れることが想定されている紀伊山地・四国山地はどのような地質であるのか確認してみたいと思います。幸いなことに、紀伊山地・四国山地には第四紀火山はありません。紀伊山地と四国山地は非常に類似した地質構造をもちます。それはジュラ紀~第三紀に大陸前面にくっついた「付加体」と呼ばれている地質です。付加体は断層運動をともないながら周囲の地層が重なったり折りたたまれたりしながら集まった地質です。そのため、断層が多く存在しているうえに、断層運動によって破砕された岩石が、断層に沿って分布するという特徴をもちます。断層運動によって破砕された岩石は、角礫状のものもあれば粘土状になっているものもあり、これらは「断層破砕帯」と呼ばれます。また、中央構造線

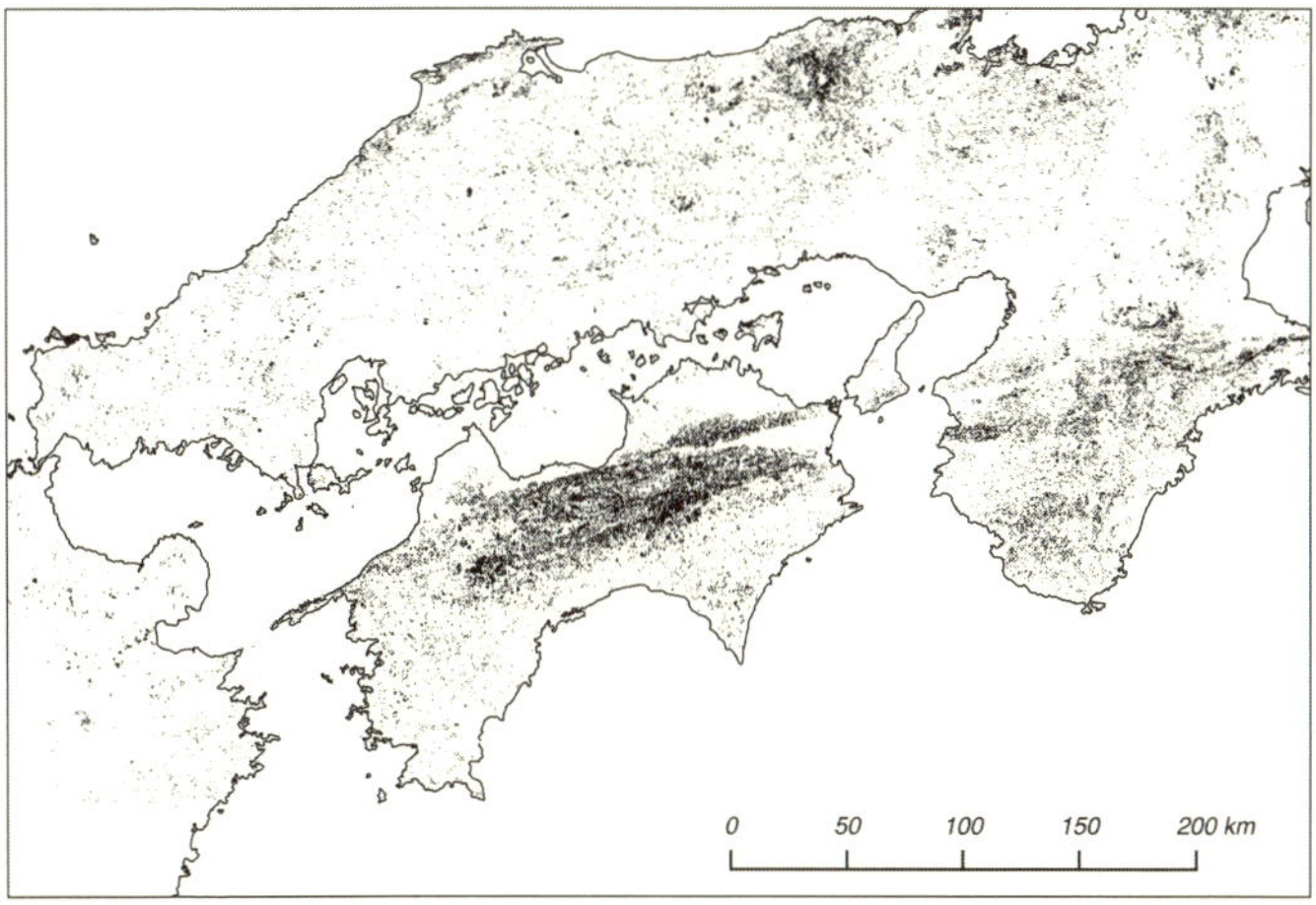

図３－８　西日本における地すべり地形分布

出典：防災科学技術研究所地すべり地形分布図より作成。

の南側には古い時代に断層運動によって地下深くに沈み込んだ地質・三波川帯が分布しています。三波川帯は沈み込んだ際に、高圧条件下での変成作用を受けたことにより、一定方向に薄くはがれる特徴をもつ岩石となっています。図３－８では、西日本の地すべり分布を示していますが、中央構造線を挟んで南側に地すべり跡地が帯状に密集している様子が読み取れます。この地すべり多発地帯を生んでいる地質こそ、三波川帯をはじめとする断層破砕帯を含むジュラ紀～第三紀の付加体であり、日本の一大地すべり多発地帯をもたらす要因となっています。そのため、南海トラフ地震が発生した場合、強い揺れにともなって地すべりや崩壊が多発する可能性は高く、さらにその後の気象条件や余震活動の状況次第では、その場所が増えていくことが容易に想像できます。救援・救助段階において、少なくとも地すべりに関しては、本震時に安全であればその後も安全であるという考えをもたないことが大切です。なお、第5章ではＧＩＳを活用して、道路と地すべりが重なる部分を抽出しています。救援時の安全な輸送ルートとして、基幹道路が頼りあるものか考えてみていただければと思います。

地盤災害の多様性とその影響

この節では地盤が影響して発生する災害として液状化、切盛の崩壊、長周期地震動を挙げ、そのメカニズムと私たちの社会への影響について説明します。

液状化は地震災害のなかで、とくにライフラインなどに大きな被害をおよぼす災害です。液状化は未固結な間隙が多い地層が揺らされることで発生します。そのメカニズムは、地盤を構成する粒子間が水で満たされていた場合、揺らされることで粒子間の構造的つながりが崩壊していきます。その際、粒子間の隙間がつぶされる形となると、そこに存在していた水の圧力

（間隙水圧）は上昇することになります。こうして上昇した間隙水圧が粒同士を離れさせてしまうと、支えを失った地盤が液体としてふるまうのです。液状化が起こると、地下にある軽いものは浮かび、地上の重いものは沈み、その地盤自体は締まるので地震後は地震前に比べて地盤が沈下します。また、液状化中は水のようにふるまうため、傾斜がある場所や、堤防など片側が空いている場所では、側方流動と呼ばれる土砂の流動が発生することで、その上の人工構造物が、破壊に至ることがあります。液状化が起こりやすい条件は、まだ砂や泥が締まっていない新しい地形の場所で、砂質などある程度粒子間に間隙があり、地下水位が高い場所です。具体的には地盤改良をしていない埋立地や三角州、旧河道、旧池沼などが条件に最もあうことになります（図３－９）。液状化は考古遺跡などでもその痕跡が確認されており、昔から存在する現象ですが、発生しやすい条件の場所は、近代以降に新たに開発が進んで人が住みだした地域が多いです。また、ライフラインでは一ヵ所の液状化被害で広範に影響がでますし、海岸の堤防などが被害にあうと津波のときに堤防が役目を果たさない可能性もあります。海岸部の埋立地では、港湾施設に大きな被害がでて、救援の船が着岸できないことも考えられ、現代社会においてとくに被害が大きくなります。そのため、液状化被害が注目されるようになったのは、比較的最近のことです。その後、研究の進歩によって、地盤改良などを施すことで液状化は軽減することができるようになりました。しかし、そのような改良をおこなっている人工構造物は一部であり、現在も多くの場所で液状化の危険をはらんでいるといえます。液状化の発生予想に必要な地下浅部の高密度な地盤情報の取得には限界があり、高解像度で精度よく液状化を予想することは難しく、東日本大震災や熊本地震ではハザードマップと実際の液状化発生場所が異なることが指摘されており、ハザードマップは限界を知ったうえで利用する必要がありそうです。

切盛土とは、起伏のある土地を平地にするために山を切り、谷を埋めた場所で、住宅団地や道路などで多くみられます。山が比較的やわらかい岩石でできている場合には、比較的安価に平坦地を造成できる開発手法です。ここで、切土の平坦地は地山を切った岩盤なので安定した地盤になりますが、盛土の平坦地は切土で発生した岩や土砂で埋められた土地なので相対的に不安定な地盤となります。切盛土による大規模造成地では、十分な地盤改良工事が施されていなければもとより、仮に施されていたとしても地震の揺れに対して、周囲の岩盤とは異なる揺れ方をしたり、地下水が作用したりすることで、崩れることが多いといえます。仙台市の新興住宅地では一九七八年の宮城県沖地震に続き、二〇一一年の東北地方太平洋沖地震でも、もともとの谷を埋め平担にした盛土の場所で崩壊が起きて被害が出ました。二〇〇七年に発生した

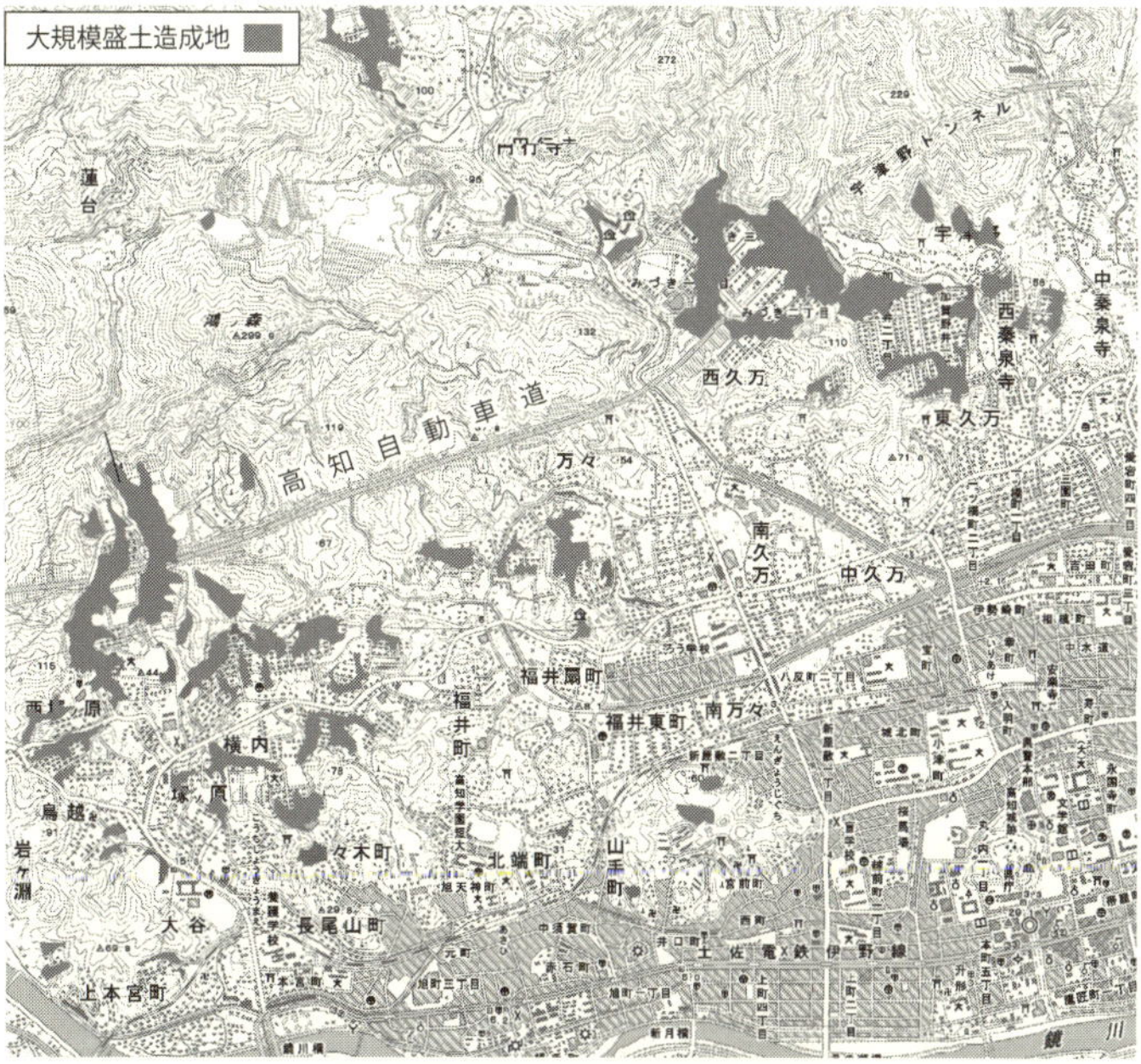

図３－９　高知市の大規模盛土造成地

出典：高知市「大規模盛土造成地マップ」

能登半島地震では大動脈である能登有料道路の盛土部分で多くの大規模崩壊が発生し、実に盛土の九割が被害にあいました。開発前の地形図と現在の地形図を見比べると、丘陵地を走る道路などでは盛土をしている場所が多いことがわかります。このような場所では地震の揺れによって道路が寸断されると予想されます。さて、高知自動車道（図３－９）ではどうでしょうか？

　長周期地震動は、東北地方太平洋沖地震のときに脚光をあび

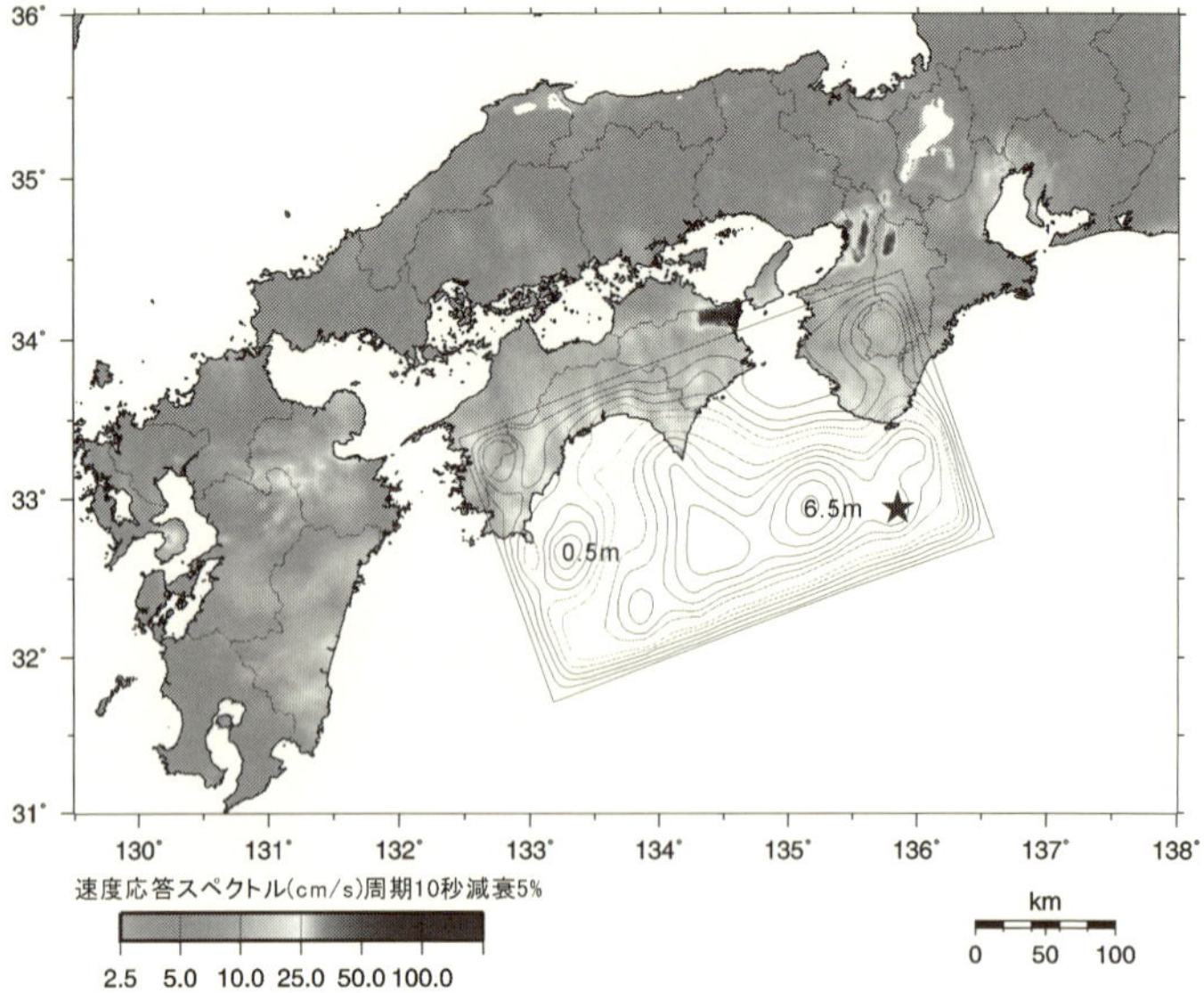

図3-10　南海地震（昭和型）を想定した長期周期地震予測地図

色が濃いところ（大阪平野、徳島平野など）ほど長周期地震動による揺れが強いことを示す。

ました。これは、ゆっくりとした船酔いのときのような揺れが、高層ビルや石油タンクなどに甚大な被害をおよぼす現象です。このような長周期地震動は低層の住宅などではほとんど影響しません。しかし、高層ビルや大規模タンクなどではそれぞれがもつ固有周期と共鳴して揺れが増幅されます。さいわい、ビルが倒壊するなどの現象は起きていませんが、二〇〇三年十勝沖地震では震源から二〇〇キロメートル以上離れた苫小牧の石油タンクが大きく揺れ、火災が発生したり、二〇〇七年新潟県中越地震では震源から遠く離れた東京の六本木ヒルズのエレベータが停止したり、東北地方太平洋沖地震でも遠く離れた大阪のさきしまコスモタワーでエレベータだけでなく天井がはがれるなどの被害が発生したことが知られています。このような長周期の地震動は、堆積物の厚い大阪、名古屋、徳島といった平野で増幅されやすいという特徴があります（図3－10）。長周期地震動は経験回数が少ないため、すべてが解明されているとは言い難いのが現状です。そのため、南海トラフ地震での大都市でどのような被害がでるのかは今後十分に検討していかなければなりません。

第4章
人文地理学的側面からの現状の救援物資輸送の課題　高知県の事例

東日本大震災や熊本地震を経て、避難所に必要な救援物資をどう届けるかに注目が集まっています。高知県はこれまで一〇〇年から一五〇年おきに起きる南海トラフ地震のたびに大きな被害を受けてきました。そこで、来たる南海トラフ地震に向けた対策を積極的におこなっています。これまで、二期にわたって対策行動計画が作成され、避難路や避難場所、津波避難タワーの整備や公共施設の耐震化など、「発災直後の命を守る対策」が進められてきました。その結果、最大クラスの地震が発生した場合の想定死者数は、二〇一三年五月推計時に比べて大幅に減少する見通しとなっています。二〇一六年度から、さらなる二次的被害の縮小に向けて、これまでの「発災直後の命を守る対策」に加え、「助かった命をつないでいく対策（応急対策）」についても具体化するため、第三期南海トラフ地震対策行動計画が開始されています（高知県ウェブサイト）。とくに、道路の寸断の可能性などをふまえて、救援物資を確実に避難所へ配送することが課題になっています。そこで本章では、「発災直後の命を守る対策」のうち、救援物資輸送に関連するこれまでの成果をみていきます。次に、行政や民間業者によって進められている「助かった命をつないでいく対策」を検討します。最後に、救援物資をすべての被災者に輸送するために残された課題を挙げたいと思います。

これまでの成果

高知県は二〇一三年三月、高知県総合防災拠点基本構想を策定しています。津波の影響を受けないことや、広大な敷地のあることなどを条件に、中核的な広域拠点と、その活動を補う地域拠点の計八ヵ所が総合防災拠点として選ばれています（『朝日新聞デジタル』二〇一二年一一月二三日付）（図４-１）。二〇一三年度から二〇一五年度までの三年間に取り組む第二期南海

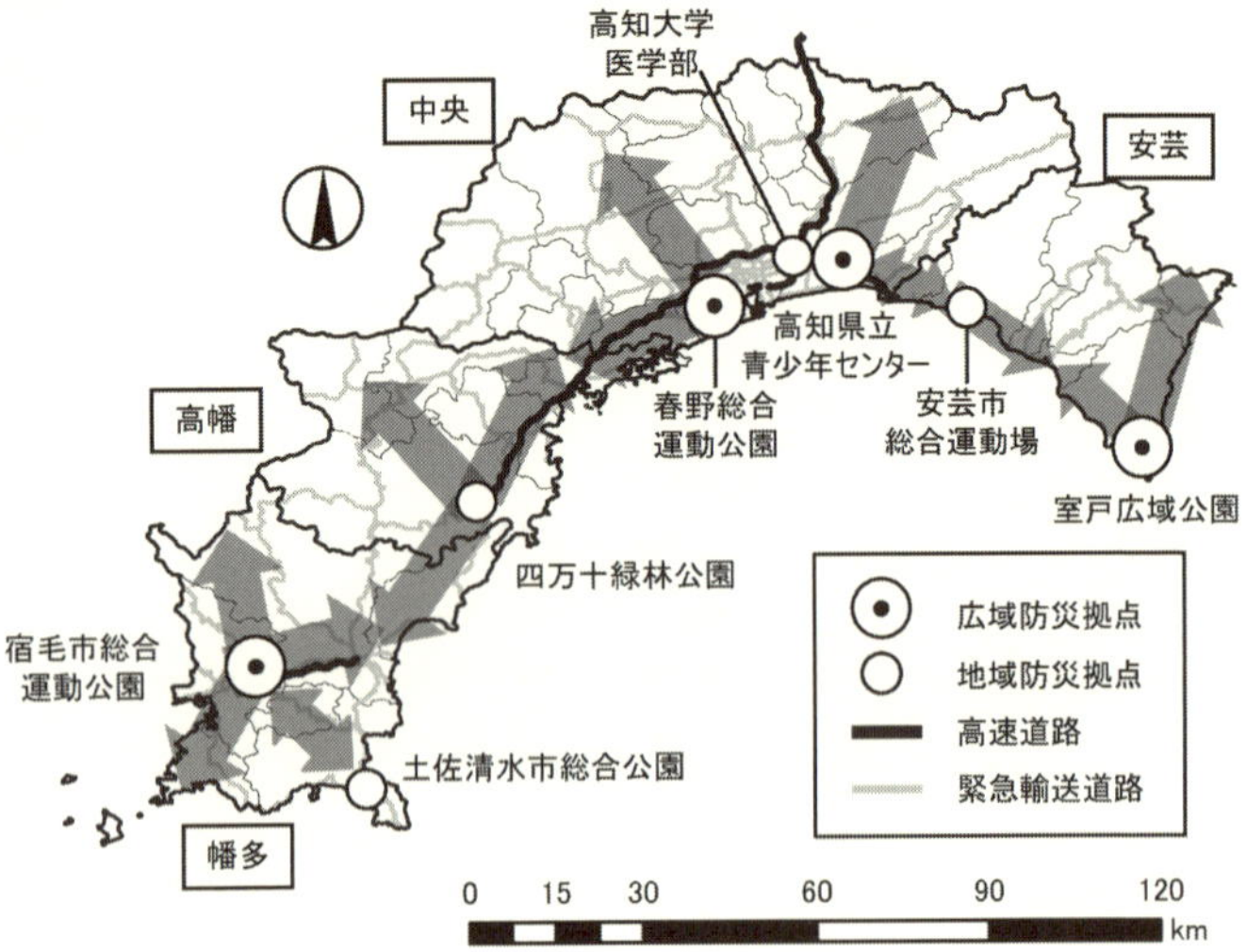

図４－１　総合防災拠点の配置図

出典：高知県（2013）

トラフ地震対策行動計画では、全国から集まる応急救助機関や医療救護チーム、救援物資などを円滑に受け入れ、速やかな被災地支援をおこなうため、県内八ヵ所の施設に総合防災拠点としての機能をもたせるための設備の整備を進めています[1]（高知県 2013）。発災後は総合防災拠点ごとに、救援物資が受け入れられるかどうかを内閣府にシステム送信することになっています。受け入れ可能な拠点については、具体的な救援物資配送計画が立てられることになります。

まず、総合防災拠点までの輸送ルートを確保する必要があります。四国においては、南海トラフ地震による道路網の寸

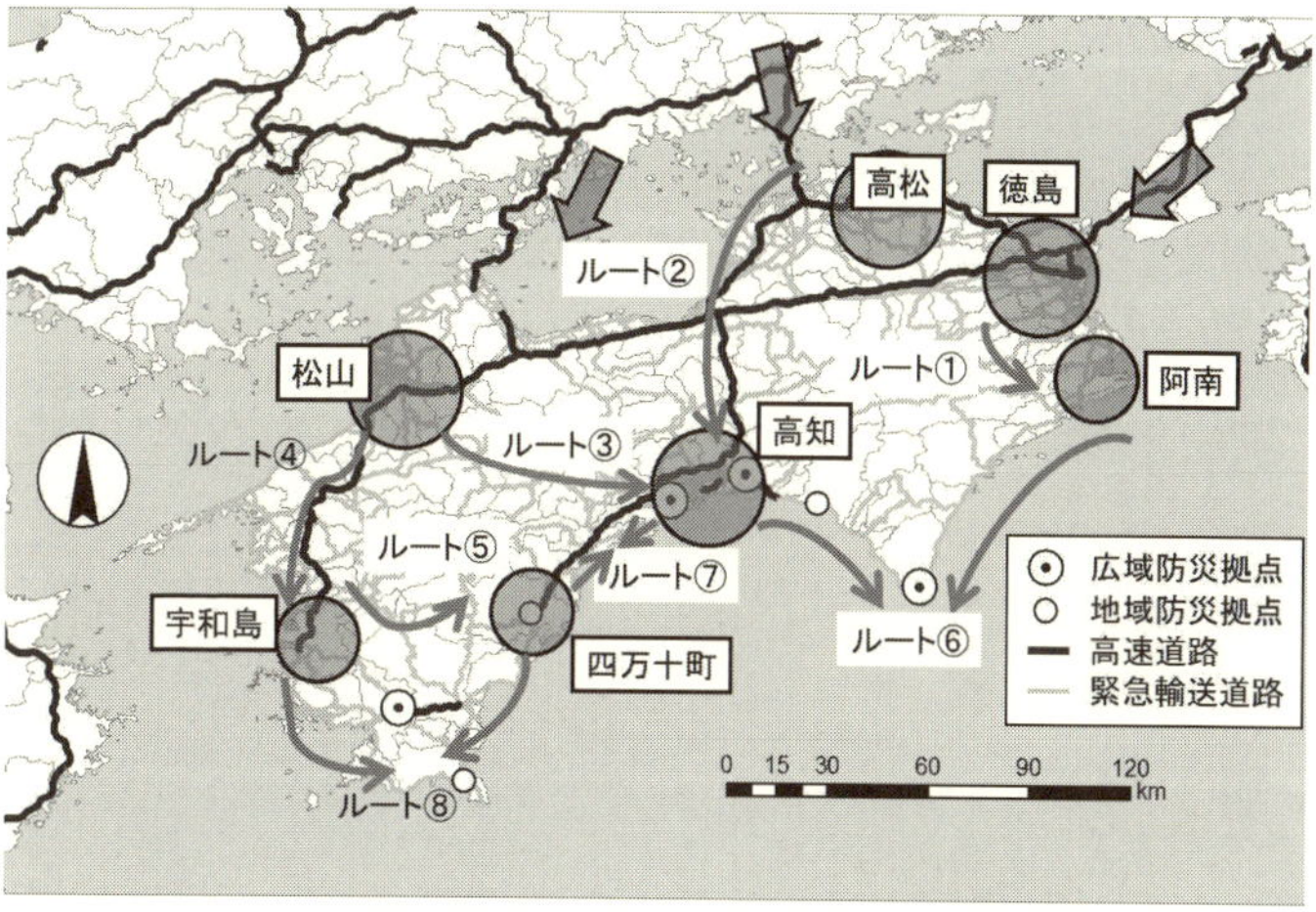

図４－２　広域応援部隊が太平洋側へ進出するための進出ルート

出典：四国道路啓開計画等協議会（2016）

断により、災害対応に向けた啓開作業に大きな支障となることが危惧されることから、二〇一五年二月、二二の関係機関からなる「四国道路啓開等協議会」が広域道路啓開計画を策定しています。同計画では、瀬戸内側から太平洋側へ優先的に扇形に進行する「四国おうぎ作戦」による道路啓開の実施が盛り込まれています。その進出ルートが八つ選定され、必要人員と資機材が算定されています（図４－２）。

国からの救援物資が最寄りのＩＣまで輸送されれば、近距離にある二ヵ所の広域拠点まではすぐに届けられることが期待されます。一方、宿毛《すくも》市や室戸市の防災拠点までの陸路による輸送ルートは、津波による長期浸水が想定される沿岸部を通らざるをえません。宿毛市の防災拠点までは国道五六号、室戸市の防災拠点までは国道五五号が主要輸送ルートに設定され、優先的に道路啓開されることになっていますが、津波による浸水被害によって、各地で寸断することが予想されます。これに対して、国では、大きな揺れや大津波に強い「四国8の字ネットワーク」の整備が進められています。ただ、二〇一五年三月現在の整備率は四国平均で七一パーセントですが、高知県の平均は五二パーセントと最も低くなっています（表4－1）。しかも、ミッシングリンク（未整備区間）は、宿毛市と室戸市の防災拠点までの輸送ルートにあたる高知県沿岸部の国道沿いに集中しています（図4－3）。しかし、8の字ネットワークが完成するめどは立っていません。そのため、現状では8の字ネットワークの完成を前提とした救援物資輸送の計画は、いつ来るかわからない南海トラフ地震への対策として有効とはいえません。

表4－1　四国8の字ネットワークの整備率

徳島県	64%
香川県	100%
愛媛県	84%
高知県	52%
四国平均	71%

注：2015年3月31日現在
出典：四国8の字ネットワーク整備・利用促進を考える会パンフレット

その代替手段として、大型ヘリによる防災拠点までの空輸が考えられますが、その離着陸のためのヘリポートが必要になります。シミュレーションによると、両地域の物資必要量はそれほど多くはありません。ただ、高知県では、限られたヘリを有効活用するために、沿岸部の利用はできるだけ抑え

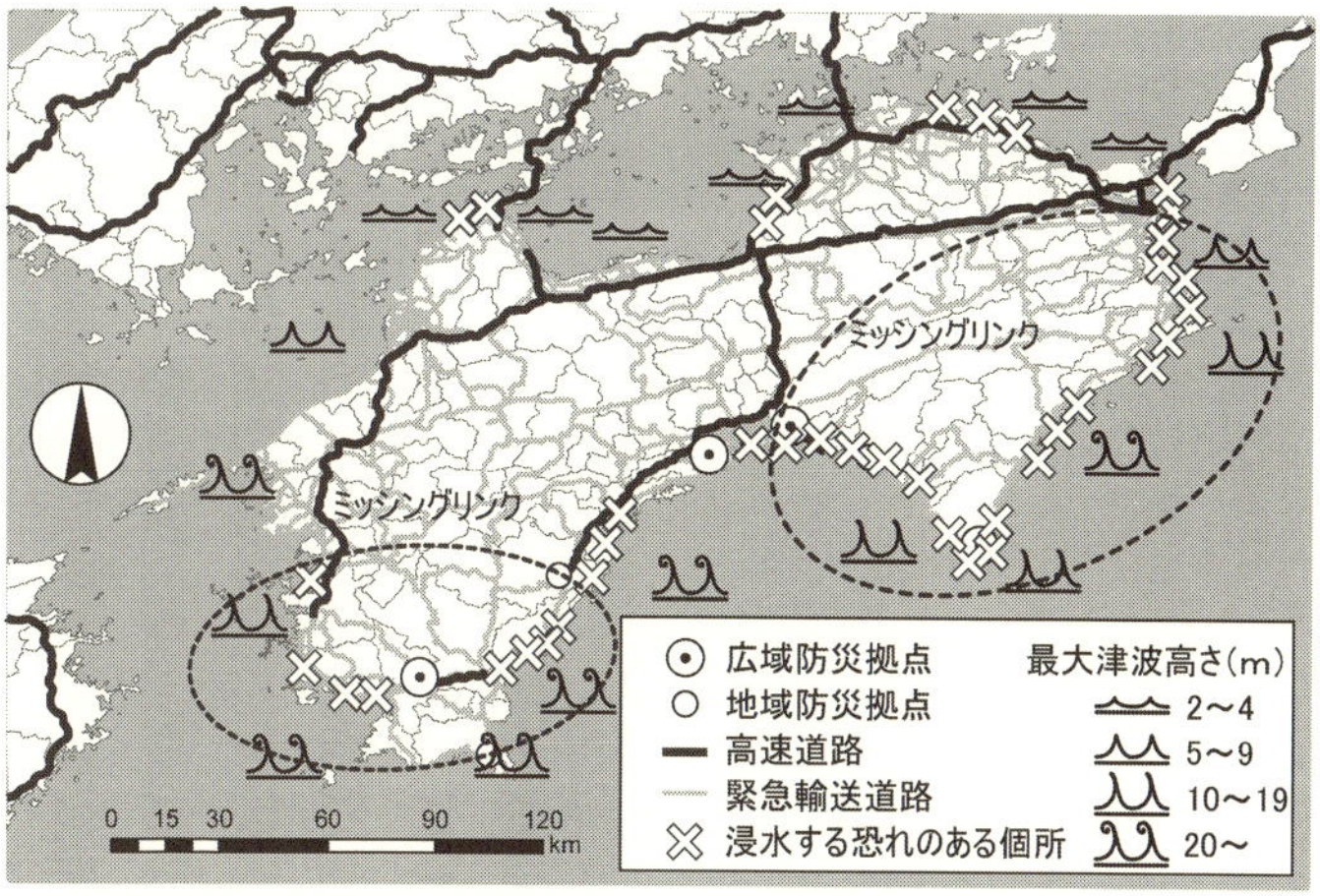

図４−３　四国８の字ネットワークの未着手区間

出典：四国８の字ネットワーク整備・利用促進を考える会パンフレット

て、輸送手段の限られる山間部の孤立集落への利用を優先させたいと考えています。また、ヘリ輸送では一回あたりに運べる物量が限られることから、安芸方面へは近隣の広域拠点からの陸送でカバーするなどの代替策も考慮する必要があります。

次に、最寄りのＩＣまで輸送された救援物資は、二〇一六年二月に策定された高知県道路啓開計画にもとづいて、防災拠点に向けて道路啓開が行われます。同計画は、市町村と高知県が連携して選定した地域の防災拠点一二五三ヵ所と、高知県が選定した広域の防災拠点四〇ヵ所の計一二九三ヵ所について、啓開ルートや啓開日数、啓開作業の手順書、啓開作業にあたる建設業者の割付けなどを定めています。二〇一六年三月には、高知県建設業協会、国土交通省、高知県との間で「南海トラフ地震発生時の道路啓開に関する協定」を締結しています。本協定では南海トラフ地震発生時の啓開作業の内容や実施方法、事前（平時）の準備などについて定めることで、高知県道路啓開計画の実効性を確保することを目的にしています。地域の防災拠点のうち、役場や病院、警察署、消防署などをA、学校や福祉施設、ライフライン基地、運動施設、集会所などをBやCと優先順位をつけています。啓開日数の算定においては、最大クラスの地震・津波（L2）を想定していることに加えて、今後おこなう道路整備対策を織り込んでいない箇所があることから、啓開に長時間を要する拠点もあります（高知県道路啓開計画作成検討協議会 2016）。そこで、ヘリコプターや船舶による輸送など道路啓開計画を補完する対策も示されています。

高知県道路啓開計画に基づく啓開日数算定の結果をみると、算定結果が示されているのは、現在のところ、広域の防災拠点および地域の防災拠点Aのみです（表4－2）。このうち、前者では四〇ヵ所のうち、啓開日数七日超が二ヵ所、長期浸水のために算定していない拠点が六ヵ所あります。後者では、二九三ヵ所のうち、三日以内に啓開可能な拠点は六二・一パーセントの一八二ヵ所にとどまり、それ以外の拠点は三日以上を要するか、長期浸水や重機不足によって日数未算定となっています。啓開に時間を要する原因は、長期浸水以外に、落石、崩壊、

表4－2　啓開日数算定の結果

啓開日数ごとの防災拠点数

啓開日数	地域の防災拠点A	広域の防災拠点	計
3日以内	182	30	212
3日を超え5日以内	29	2	31
5日を超え7日以内	3	0	3
7日を超える	37	2	39
長期浸水のため日数未算定	26	6	32
県外の防災拠点のため日数未算定	3	0	3
離島の防災拠点のため日数未算定	1	0	1
重機不足のため作業日数のみ算出	12	0	12
計	293	40	333

啓開に3日以上を要する主な原因と拠点数

主な原因	地域の防災拠点A	広域の防災拠点	計
津波浸水	2	1	3
揺れによる落橋	4	0	4
津波による落橋	19	3	22
落石・崩壊・岩石崩壊	40	0	40
長期浸水（啓開日数未算定）	26	6	32
局所的な長期浸水	4	0	4
計	95	10	105

出典：高知県道路啓開計画作成検討協議会（2016）

岩石崩壊、地震や津波による落橋が多くなっています。

優先順位の高い拠点までの主要路線から啓開される傾向があるため、優先度の低い地域の防災拠点ＢやＣでは三日以上の啓開日数を要する割合がさらに高いことが予想されます。道路啓開進捗図をみると、郡部のなかでもとくに、いの町本川地区、土佐町、本山町、大豊町といった地域に加えて、清水や室戸方面において多くの啓開日数を要しています（図4－4）。こうし

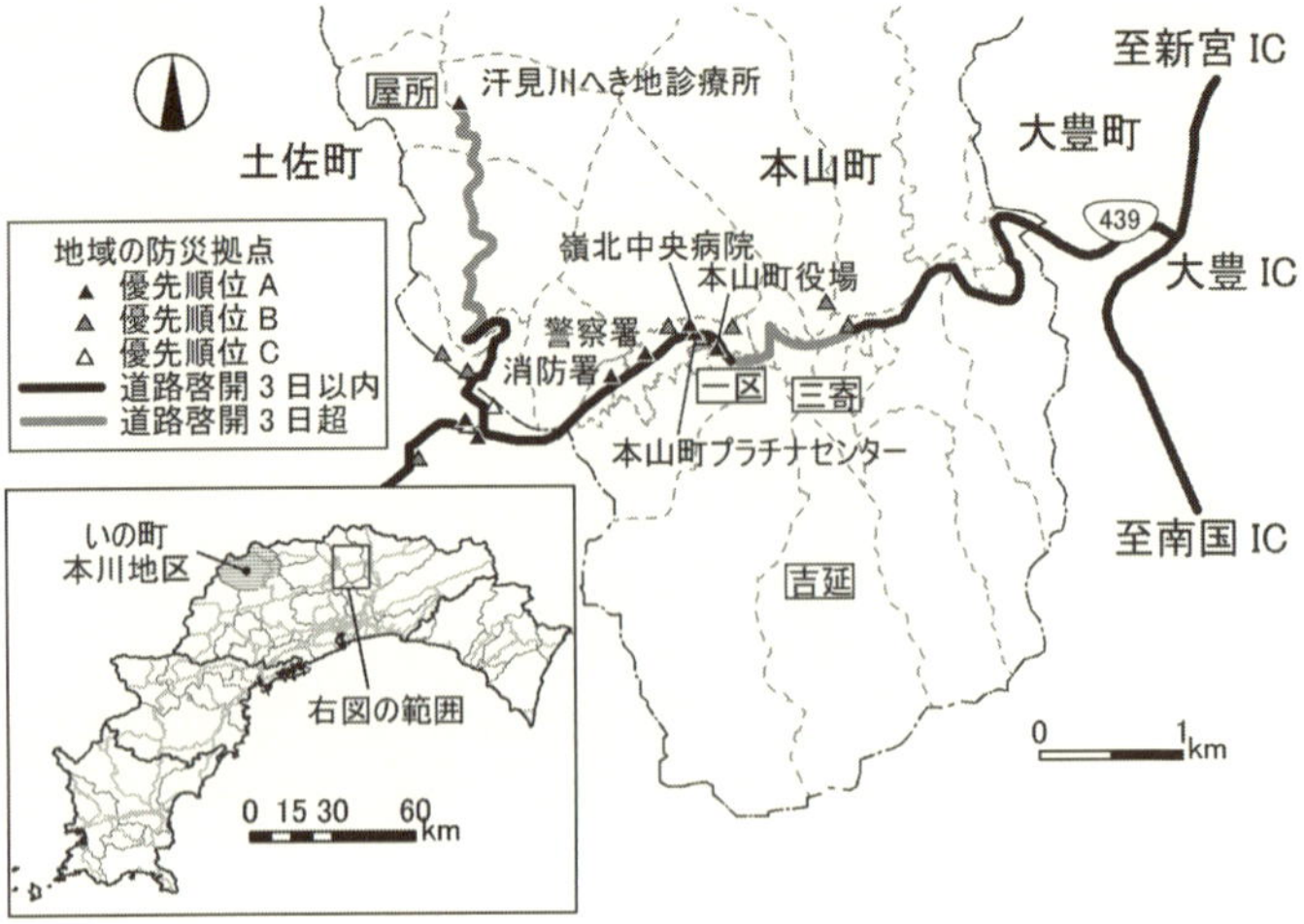

図 4－4　本山町の道路啓開進捗図

出典：高知県土木部

たルート上に多い拠点BやCには、平成の大合併によって支所となった旧役場が含まれます。これらの拠点を中心とした地域は急速な人口減少と高齢化を示す山間部に位置しています。また、点在する集落では道路の寸断によって孤立する恐れが高いため、各防災拠点に救援物資が輸送されたとしても、拠点からの分荷がかなわない可能性があります。

行政や民間業者の対策

(一) 行政

次に、行政や民間業者によって進められている「助かった命をつないでいく対策」を検討します。南海トラフ地震発生時の災害応急対策活動の具体的な内容は、二〇一一年に発生した東日本大震災の教訓をふまえて、二〇一三年に施行された南海トラフ法第四条に規定する「南海トラフ地震防災対策推進基本計画」にもとづいて定められています。大きな災害の直後では、自治体や民間業者が被災することによって、被害の全体像やどれくらいの被災者がどこの避難所で何を求めているのかがすぐにはつかめませんし、調達もままなりません。そこで、国は被災地からの応援要請を待たずに、水や食料など必要最低限の物資を届けるプッシュ型の支援をすることになっています。そして、できる限り早期に被災者が実際に求める物資を供給するプル型に切り替えるよう計画されています。ただ、二〇一六年四月に発生した熊本地震では、プッシュ型の救援物資輸送の限界が明らかになっています。救援物資を送り出したものの、実際に被災者に必要な物資が届いたかを正確につかめなかったり、小さな避難所や車中泊をする避難者にまで救援物資を届けられなかったりしたのです。この問題をクリアするためには、情報伝達の仕組みを整えるとともに輸送手段を確保する必要があります。

そこで高知県では、運送業者、国、高知県、複数の市町長および有識者をメンバーとする高知県物資配送計画検討協議会を設置しています。ここで検討された高知県物資配送計画では、南海トラフ地震による、県や市町村の備蓄物資や国などからの救援物資を、避難所に円滑に配送するための体制や手順を示しています。二〇一六年度は高知県としての物資配送の基本的な考え方を取りまとめています。この内容をもとに、二〇一七年度は県の拠点ごとに具体計画（運営マニュアル）を作成することになっています。計画内容は、①県拠点ごとの市町村拠点までのルート、②拠点運営するための人員体制、拠点レイアウト、必要資機材の整理、③物資の配送車両の確保、の三点です。

災害時の物資配送についての基本的な流れは以下のとおりです。まず、発災後三日目までは、高知県は備蓄物資を市町村へ配送するとともに、市町村は備蓄物資放出や市町村が結んでいる協定での物資調達を実施します（図4－5）。国からのプッシュ型物資配送の受け入れは、発災後四日目から一週間程度です。さらに、一週間後からは、各市町村で不足する物資について、個別に調達して配送することとしています。

第一に、四日目以降の県拠点ごとの市町村拠点までのルートですが、配送手段についての高知県の基本的な考え方は、原則、県から市町村まで、市町村から避難所などまでは、トラックを用いた陸路による輸送を実施することです（図4－5）。輸送ルートについては、県と市町村で、県拠点から市町村拠点へのアクセスルートを協議して共有します。そして、県の総合防災拠点から、原則、各市町村、一ヵ所の市町村物資集積所に配送することにしています。ただ

発災後３日目まで

総合防災拠点	配送先市町村
室戸市広域公園 安芸市総合運動場	室戸市、安芸市、東洋町、奈半利町、田野町、安田町、北川村、馬路村、芸西村
高知県立青少年センター	高知市（東部）、南国市、香南市、香美市、本山町、大豊町、土佐町、大川村
春野総合運動公園	高知市（西部）、土佐市、いの町、仁淀川町、佐川町、越知町、日高村
四万十緑林公園	須崎市、中土佐町、梼原町、津野町、四万十町
宿毛市総合運動公園	宿毛市、四万十市、大月町、三原村、黒潮町
土佐清水市総合公園	土佐清水市

発災後４日目以降

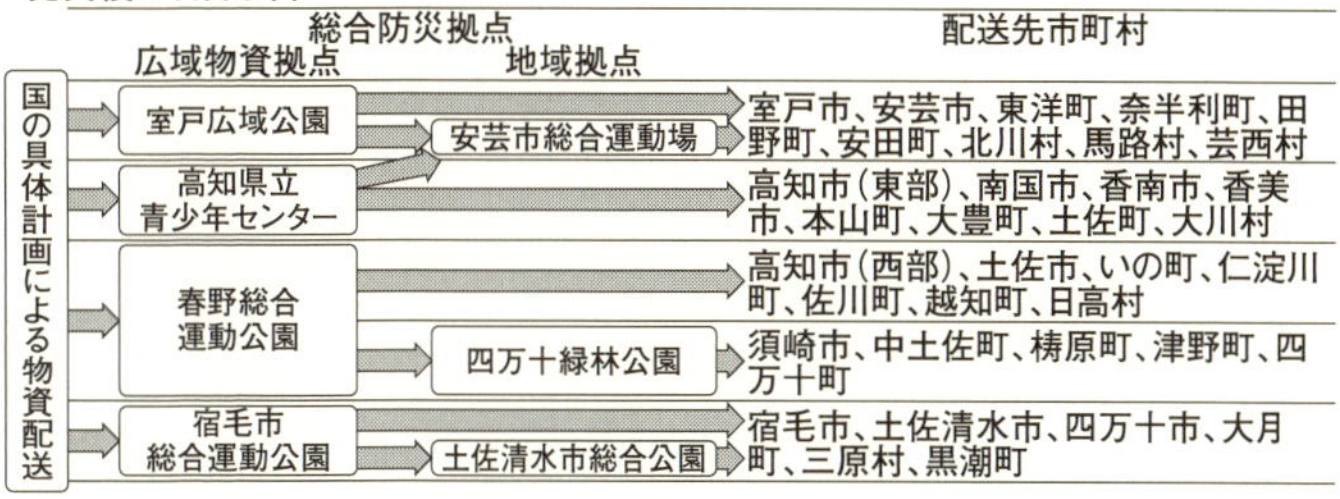

図４－５　各防災拠点の役割

出典：高知県危機管理部（2017）

し、山間部の落石や崩壊による孤立が想定される嶺北地域や、沿岸部の津波による落橋や落石などによる孤立が想定される室戸・東洋町および土佐清水市・大月町・三原村では、それぞれ近くのヘリポートまで、ヘリの輸送ルートをあらかじめ設定しておくことにしています。

第二に、拠点運営するための人員体制、拠点レイアウト、必要資機材の管理についてです。物資の配送業務では、拠点運営のために必要な人数を物資拠点ごとにあらかじめ定めて確保しておく必要があります。ただし、これらは行政が日常的におこなう業務ではないため、民間の物流事業者の協力が必要となります。行政には物資拠点での保管や輸送、荷役作業といった業務に必要な人員を算出して民間業者に適切に割り振る役割が求められます。物資拠点に必要な設備として、発災当初に利用できるかどうかや、搬入・搬出の状況を連絡・確認するための通信手段と、停電に備えた非常用電源が挙げられます。物資拠点に必要な資機材として、フォークリフトやハンドリフト、カゴ台車、台車、効率的に大量の物資をまとめて移動させるための一定数のパレットが挙げられます。

第三に、物資の配送車両について、高知県は高知県トラック協会など民間業者との協定によってトラックを確保するほか、各運送業者に車両の確保を依頼します。しかし、高知県内にはトラック六〇〇〇台あまりが走っているものの、そのほとんどが高知市内にあり、必要なトラックを確保することは難しいのが現状です。そこで、民間業者は中国地方にある支社からトラックを手配するのが有効な方法と考えています。その際にも、事前に通行車両許可証を発行したり、もとに戻るまでの時間の制約を緩和するといった、円滑な配送を妨げないようにする取り決めが必要になります。道路啓開に三日以上を要する孤立地域への配送については、高知県が空路などを利用した物資の配送を実施するため、ヘリを確保します。ただ、ヘリ輸送の課題は、①一度に配送できる量が限定されること、②天候や飛行できる時間帯が限られるため、一日の配送先が限られること、③到着先のランディングポイントの大きさによってヘリの種類が限定されることです。また、市町村においては、車両が不足することを想定して、市町村の物資集積所などに配送したあと、地域住民が取りに行く方法も考えておく必要があります。

医薬品の供給については少し事情が複雑です。前提条件として考えておくべきことは、さまざまな疾患を抱えた患者がいて、地域あるいは避難所ごとに医薬品のニーズが細かく分かれることと、処方や調剤をする医療従事者の存在が欠かせないことです。医薬品などの供給に関する計画は、高知県災害時医療救護計画において定められています。この計画は、高知県全域で地震動とそれによって起こる津波や浸水、土砂災害、火災などによって大きな被害が予想される南海トラフ地震に備え、県民の生命と健康を守るための医療救護体制と活動内容を明らかにするもので、二〇〇五年三月に制定されています。その後、東日本大震災や被害想定の見直しを受けた二〇一二年、二〇一五年の改定を経て（高知県 2015）、二〇一七年に一部改定されています。

ニーズを把握し伝達するための情報通信手段は、携帯電話、衛星携帯電話、インターネット電話、防災行政無線に加えて、厚生労働省のＥＭＩＳ（Emergency Medical Information System）、高知県救急医療・広域災害情報システム（こうち医療ネット）など可能なものを使います。改定前から、プッシュ型の配送の限界をふまえて、必要なものだけを高知県医薬品卸業協会に依頼することを基本にしています。ただ、ニーズが把握しきれない災害急性期以降は、プッシュ型の配送も必要になります。そこで、改定された計画では、初動に限って、病院や薬局の薬剤師と医薬品卸関係者が登録している災害薬事コーディネーターによって、日本医師会災害医療チーム（ＪＭＡＴ）携行医薬品リストなどを参考にした優先供給医薬品の配送に向けての調整がおこなわれます。二回目以降は、配送要請のあった医薬品についてのみ配送に向けての調整がおこなわれます。調整を受けて配送指示が出された医薬品について、卸業者には出庫時と配送先到着時の報告が求められ、配送が難しい場合には、最寄りの救護病院や拠点病院まで配送することになっています。

この計画の課題は、①薬剤師やＮＰＯが医薬品を持参したときなど受援体制の細かなルールが決まっていないこと、②卸業協会など四つの関係団体と二〇一二年に結んでいる協定内容がマニュアル化されていないこと、③災害薬事コーディネーターとなる病院薬剤師、薬局薬剤師、医薬品卸関係者それぞれの職種に応じた機能を発揮するための研修がなされていないことです。

(二) 民間業者

地震発生後の救援物資輸送において、民間業者による平常時に機能している流通システムにどれほど期待できるでしょうか。現在の食料品や日用雑貨、医薬品の流通システムでは、広域拠点から必要最低限の商品がそのつどこまめに配送されています。流通システムではすべての商品や在庫情報が一元的に管理されています。したがって、店頭で売られている商品が実際にいつどれぐらい購入されたのかをリアルタイムにつかむことができるようになっています。そうすると、いつ購入されるかわからない商品を在庫として倉庫に眠らせておくより、品切れを起こすギリギリのタイミングまで追加補充のための発注をおこなわないほうが、売れ残って廃棄することもないし、倉庫も設けずにすみ効率的です。賞味期限や消費期限があるような食料品や医薬品はなおさらです。商品の配送の仕方にも工夫がみられます。広域拠点で複数の納入先から受注した商品をまとめて、できるだけ少ない台数のトラックに積み込んで一筆書きで配送することで、走行距離を抑えながら効率的に配送する仕組みになっています。

コンビニエンス・ストア（コンビニ）はその最たる例です。食料品や日用雑貨、化粧品など幅広い品ぞろえに加えて、銀行ＡＴＭや公共料金の支払いができるなど、コンビニは文字通り便利になっています。実際に、徳島県はセブン・イレブンと連携して、救援物資を届けたり、被災者向けの情報を提供したりする拠点として県内のコンビニを活用して、避難所以外に避難する人を支援することを検討しています（セブン＆アイ・ホールディングスのニュースリリース、二〇一七年一月一七日付）。それでは、救援物資を輸送する拠点として、高知県のコンビニにど

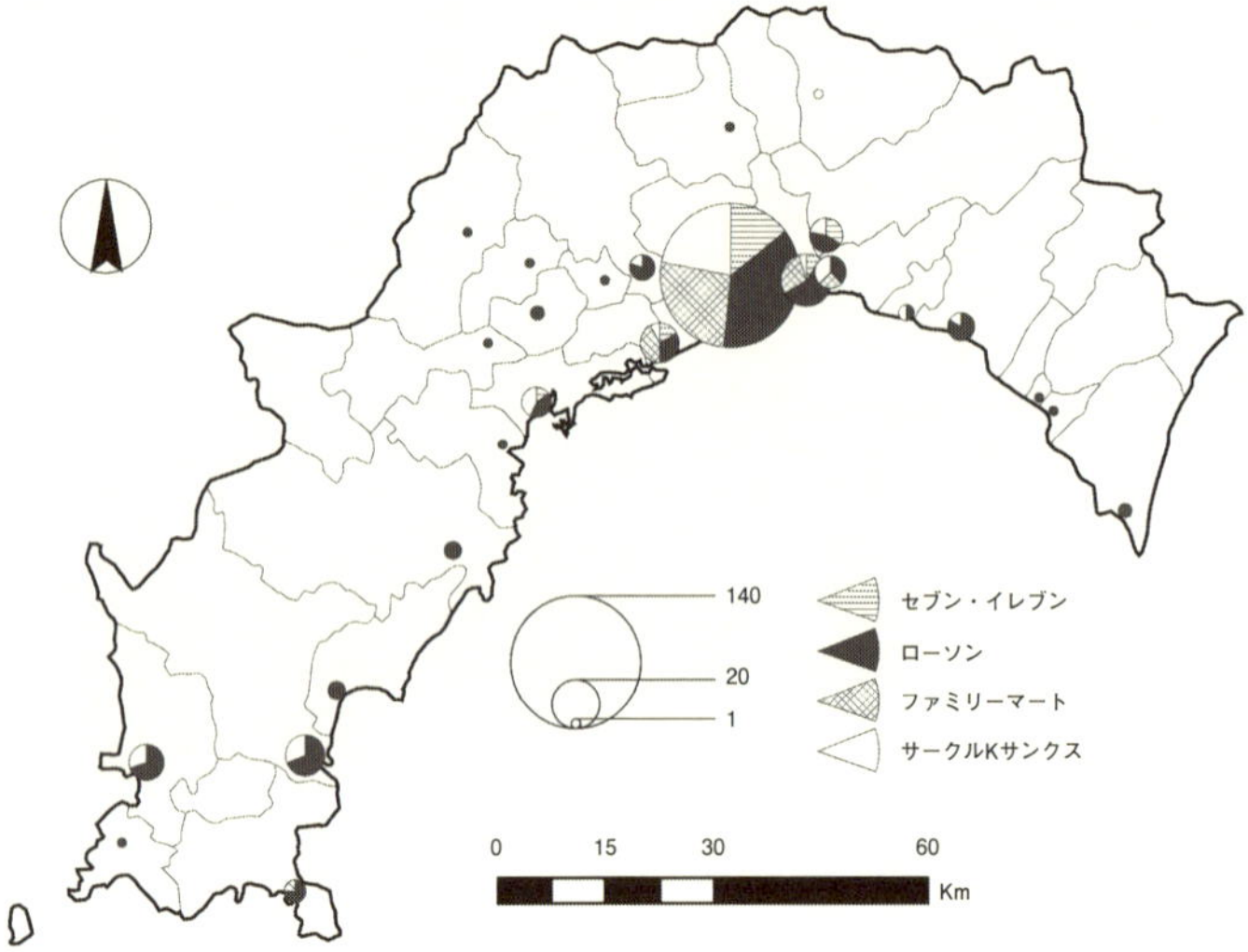

図4－6　市町村別にみたコンビニ店舗数

出典：各社ウェブサイト

れほど期待できるでしょうか。

高知県には一九八〇年代以降、地元スーパーのサニーマートが運営するコンビニが店舗網を広げていました。しかし、一九九〇年代以降、高知自動車道が高松自動車道および松山自動車道と接続したことを機に、サンクス、ローソン、サークルKが相次いで出店しました（松山ほか 2016）。二〇一七年二月現在、セブン・イレブン、ローソン、ファミリーマート、サークルKサンクスの各大手チェーンが進出していますが、県内二七六店舗中、一五九店舗（五七・六パーセント）が高知市に集中しています（図4－6）。二〇一五年三月、高知県にコンビニ最大手のセブン・イレブンが初出店しましたが、それに先立って、二〇一三年に香川県と徳島県、二〇一四年には愛媛県に進出しています。効率よく配送するため、惣菜パンやデザートを製造する専用工場を香川、愛媛両県に設けて、四国全域に商品を配送する物流システムを構築しています。

こうした動きに対して、サニーマートは旧スリーエフと結んでいた契約を終えて、仕入れ力や購買データの分析力に勝るローソンと会社を設立して、スリーエフをローソンに切り替えています（『朝日新聞デジタル』二〇一五年二月六日付）。従来、スリーエフでは、高知市内に立地するサニーマートの配送センターで製造された商品が各店舗に配送されていました。一方、ローソンは愛媛県および香川県の配送センターから、高知市内の各店舗に商品を配送しています。スリーエフからローソンへの切り替えによって、ローソンの店舗数が一気に増えることになるため、県外にあるローソンの配送センターの活用を含めたシステムの見直しは必須です。他の大手チェーンの共同配送センターも、高知県内ではなく、四国内では愛媛県および香川県内に立地しています（土屋 2000）。たとえば、ファミリーマートは香川県観音寺市の配送センター、サークルＫサンクスは愛媛県新居浜市の配送センターから高知市内の各店舗に商品を配送しています。ただ、サークルＫサンクスは、二〇一六年九月にファミリーマートと経営統合したため、品ぞろえの共通化にともなって流通システムが変わる可能性があります。いずれにせよ、少なからぬコンビニチェーンにおいて、高知県外の配送センターから県内の各店舗に商品を配送する体制をとっているため、高知自動車道を通ることが前提になります。したがって、地震による通行止めや交通渋滞で混雑してしまうと、商品の補充が滞りかねません。また、たとえ高知県内に配送センターがあったとしても、仕入れ先の製造工場の多くが高知県外にあれば、商品の供給が県外にまたがる広域の流通に依存しているという状況に違いはありません。

こうした状況は、平常時の医薬品の流通についても同様です。医薬品卸は高知県内外の製薬企業から仕入れた医薬品を医療機関や薬局に配送しています。従来の医薬品卸は経営規模の小さいものが多く、特定の製薬企業の医薬品の販売代理店として、お得意先に販売することで安定した経営を続けていました。しかし、制度の変更をきっかけに医薬品卸同士が合併・再編を繰り返して生き残りを図っています。その過程で、従業員や営業所の数を減らしたり、物流を効率化したりするといった対応がとられています。製薬企業も周辺部門である物流業務は民間物流業者に委託しています。

現在、高知県を商圏とする医薬品卸は四社立地していますが、高知県に本社を置く医薬品卸は一社のみです（図4－7）。この医薬品卸が高知県の医療用医薬品市場における五割のシェ

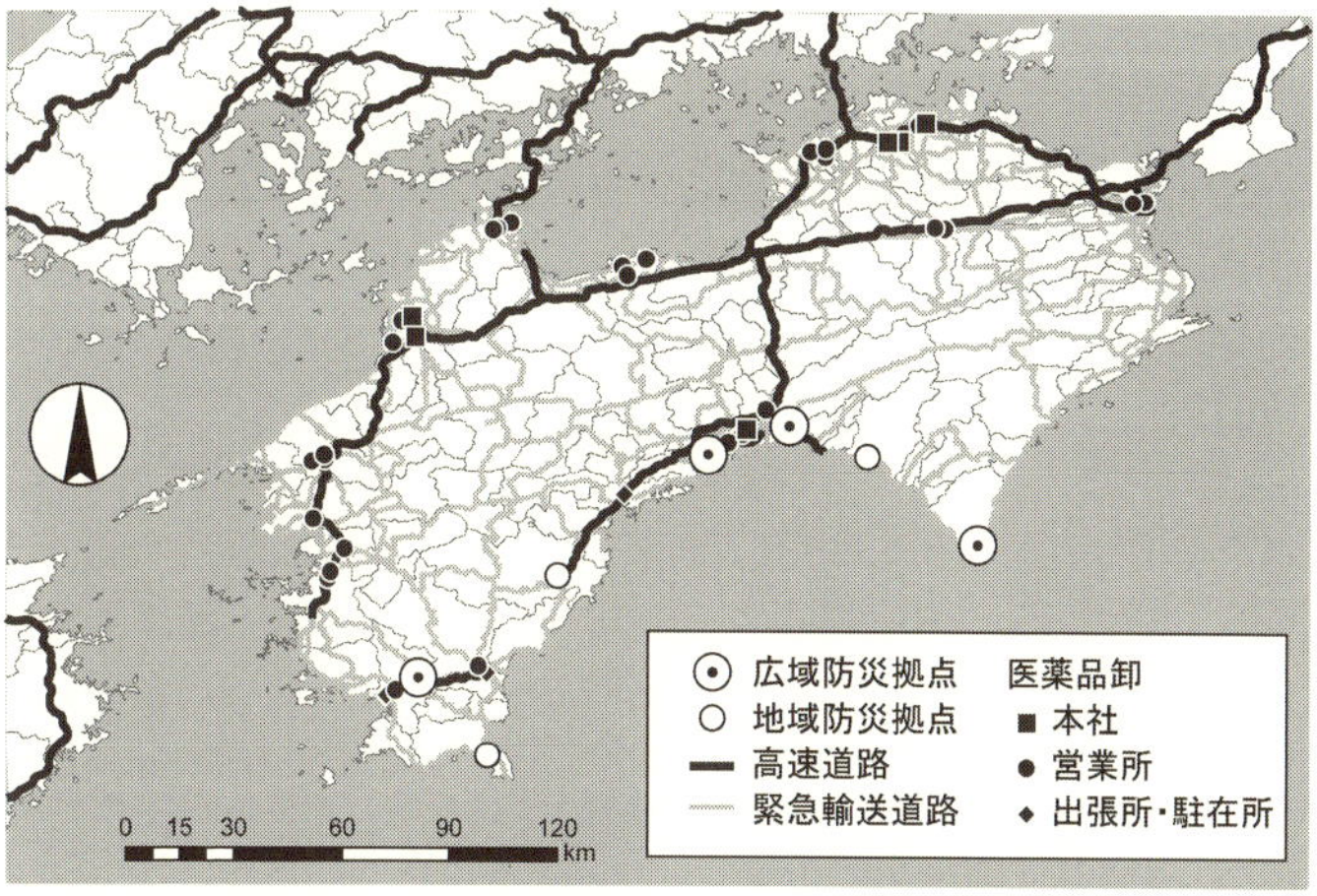

図４－７　高知県を商圏とする医薬品卸の営業所分布

出典：各社ウェブサイト

アを占めるといいます。他の一社は愛媛県松山市、残り二社は香川県高松市に本社を置き、物流センターや営業所も瀬戸内沿岸の都市部に偏在しています。高知県内については、県外に本社を置く三社が高知市や隣接する南国市に営業所を配置している以外、宿毛市や四万十市に立地するのみです。高知県に本社を置く唯一の医薬品卸は、高知市以外に須崎市、宿毛市、四万十市、安芸市にそれぞれ一ヵ所の営業所を置いています。ただ、これらは出張所や駐在所であり、他の営業所に比べて十分な人員や在庫を備えていない可能性があります[2]。

　このように、現状では、薬剤師が不足していることもあって、医薬品卸の在庫のある営業拠点は、高知市とその周辺に偏っており、こまめに配置されているわけではありません。そのため、道路の寸断や津波による浸水が長期にわたると、営業所の空白地域である山間部に加えて、高知市外の沿岸部に対して、安定的に医薬品を調達できずに必要な医薬品が滞ることになりかねません。

課題

これまでみてきたとおり、平常時の厳しい市場競争のなかで、必要な商品のみをいかに無駄なく配送するかが、他社との競争に勝つための至上命題となっています。そこで、高知県の食品や日用雑貨、医薬品の流通システムは、県内で閉じることなく広域にわたり、物流拠点は県外も含め集約的に配置されています。したがって、南海トラフ地震とそれにともなう津波によって、長期浸水や道路の寸断が生じれば、民間ベースの流通システムは機能不全に陥ることが予想されます。そこで、助かった命をつなぐ応急対策として、救援物資輸送ルートを早急に立ち上げる必要があります。しかし、行政によるプッシュ型の救援物資輸送ルートでは、道路の寸断による孤立の長期化が懸念される山間部に救援物資が届かない恐れがあります。

例えば、山間部の自治体の一つ、高知県本山町について取り上げましょう。本山町は四国山脈の中央部に位置し、町域の八九・一パーセントが急傾斜の山林となっています。人口は一九六五年には七三四三人を数えていましたが、二〇一五年現在には三五八〇人と減少を続けています。世帯数は一六九一世帯、高齢化率は四三・〇パーセントと、核家族化が進むとともに、高齢者世帯が増加しています（本山町ウェブサイト）。

本山町では、アルファ米や水が中心部に位置する本山町保健福祉センター（本山三区）にまとめて備蓄されています。したがって、センターにアクセスできなくなる可能性が高い周辺地区の住民にとって、備蓄された食料や水には頼ることはできません。ヘリポートは中心部と周辺部に二ヵ所設置されています。ただし、道路が寸断されていれば、やはり孤立集落への陸送は困難です。また、本山町は、コカ・コーラ、コメリ、農業協同組合、こうち生活協同組合とそれぞれ食料品や日用品などの救援物資輸送にかかる協定を結んでいます。さらに、災害時の医療救護活動および医薬品などの供給について、高知県薬剤師会香長土支部と、周辺六市町村とともに協定を締結しています。これらも輸送手段が確保できなければ画餅に終わります。主要道路（国道四三九号）の啓開は県主導でおこなわれ、地元建設業者と協定も結んでいますが、沿岸部で甚大な被害があった場合、山間部への支援が後回しになるとの危機意識が役場にあります。救援物資輸送計画の段階で、支援に地域格差の生ずるリスクが内在しているといえるでしょう。

では、行政や民間業者による輸送ルートの脆弱な山間部では、必要な物資を調達するうえでどのようなリスクがあるでしょうか。例えば、救援物資に頼らなくていいように、助かった命をつなぐために必要な食料を自ら調達できる人はどれくらいいるでしょうか。そうでなくても、普段の備蓄を含めた地震対策についてはどの程度おこなわれているでしょうか。もし、加齢にともなって身体の自由がきかず、自分で自分の命を守るのが難しい場合、ご近所どうしの助け合いにどれほど期待できるでしょうか。

まず、食料品を自ら調達できる可能性についてみてみることにします。二〇一〇年現在の農家率（販売農家数／全世帯数）をみると、本山町は高知県平均の五・七パーセントを上回る一一・二パーセントを示すものの決して高い数字とはいえません（図4-8）。本山町の場合、総農家数三四〇戸（全世帯数の一九・三パーセント）のうち、販売農家は一九七戸（一一・二パーセント）で、残り一四三戸（八・一パーセント）は自給的農家となっています。専業農家は七二戸（四・一パーセント）にとどまり、第二種兼業農家が一〇〇戸（五・七パーセント）と多く、経営耕地面積一ヘクタール未満の小規模農家が一三四戸（七・六パーセント）を占めています。本山

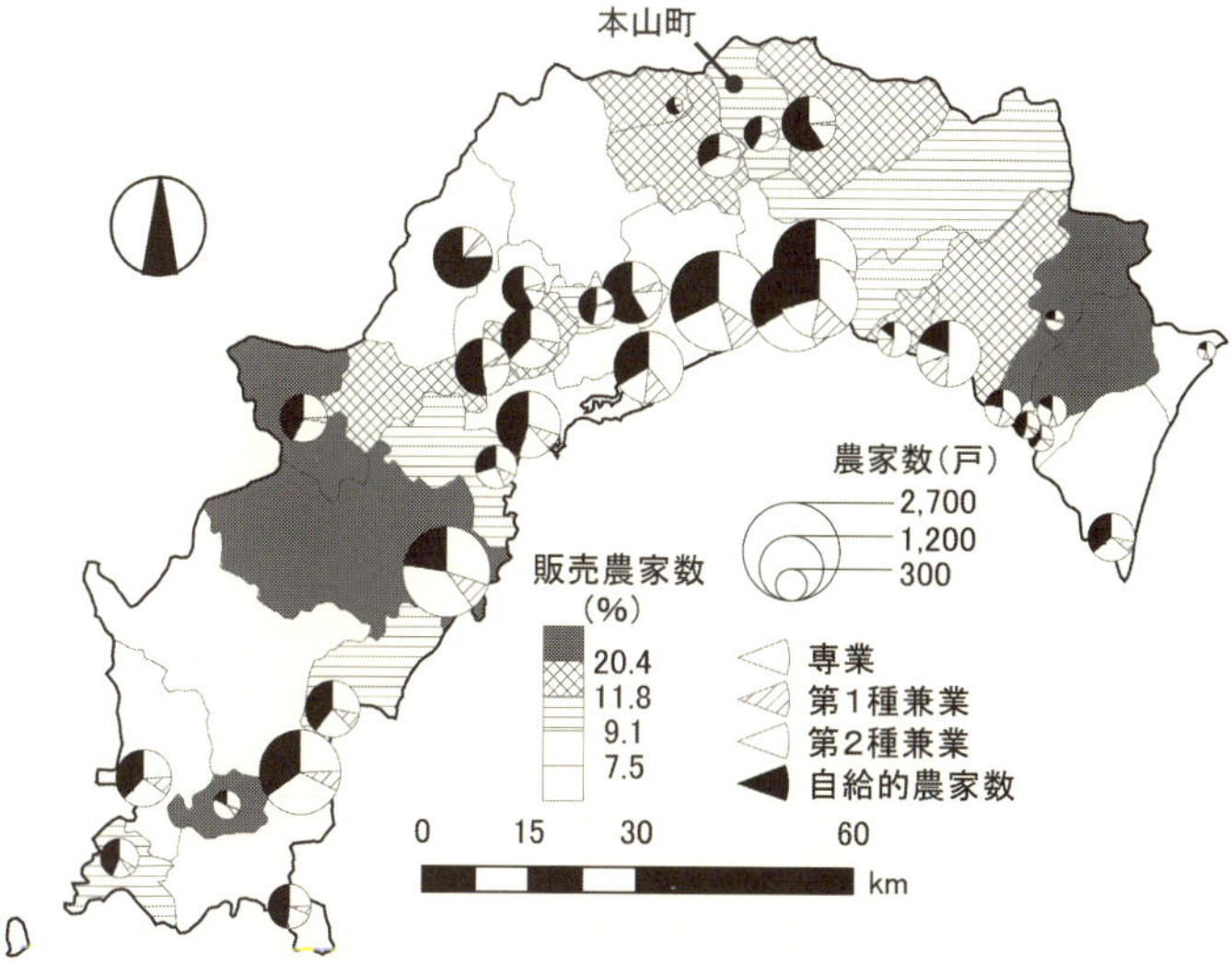

図４−８　農家率と専兼業別販売農家数（2010年）

出典：高知県統計書

町の地区別に農家率をみると、棚田の景観で有名な吉延（三六・〇パーセント）など三割を超える地区がある一方で、町の中心部のように農家がほとんど存在しない地区もみられるなど地域差は非常に大きくなっています（図４−９）。このように、本山町では田畑を所有していない世帯が多くなっており、普段の食料品の買い物について、本山町外あるいは高知県外で生産された食料品を調達する広域流通に依存している状況がうかがえます。農家率の低い地区の住民にとって、農産物の自給力はきわめて低いため、孤立が長期にわたると深刻な食料不足に陥る可能性が高いといえます。本山町の平均世

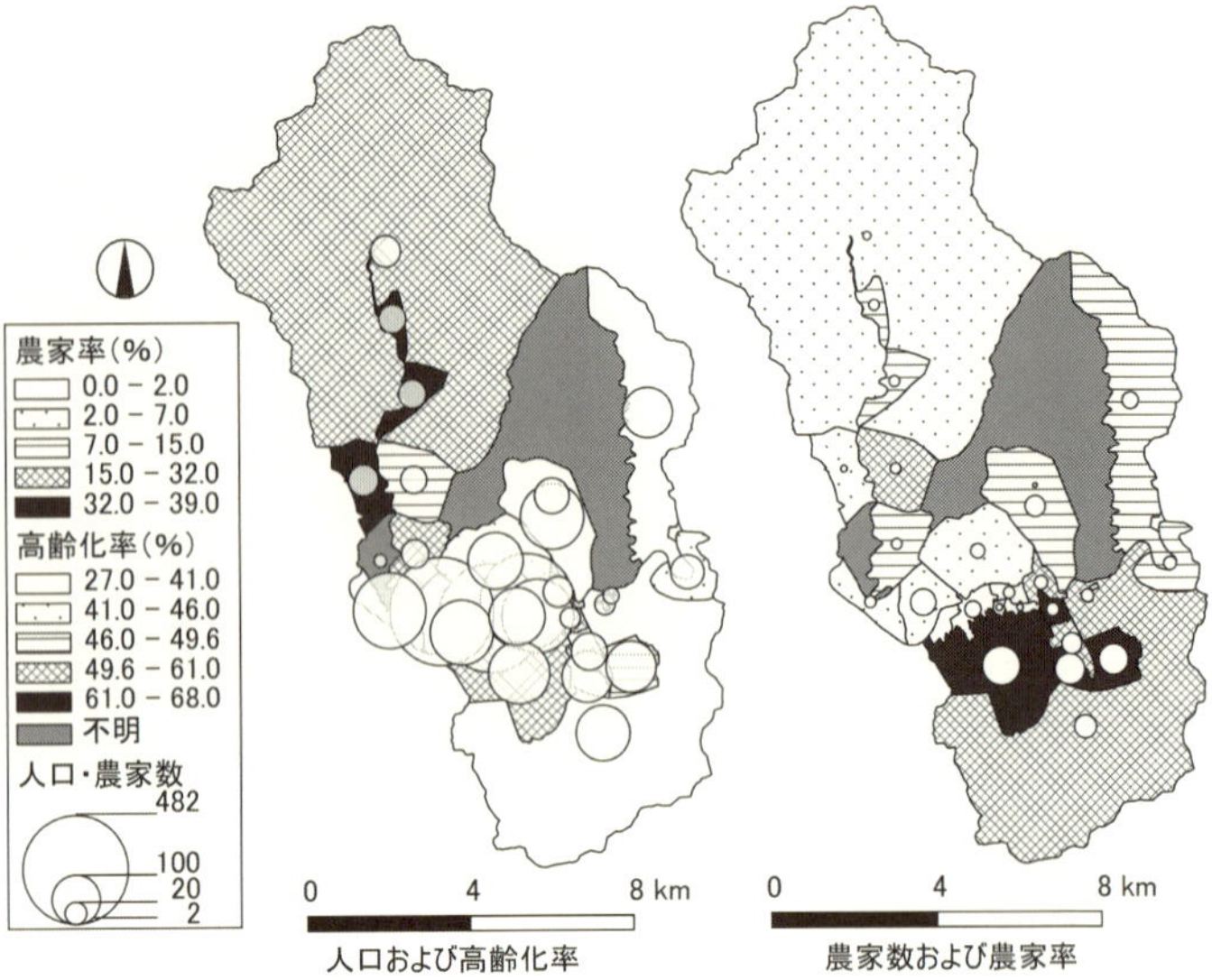

図４－９　本山町内地区別の人口・農家数

注：立野地区の世帯数および人口は2016年11月７日現在。農家数および農家率は2010年10月現在。

出典：本山町役場および国勢調査により作成。

帯人数は二・一二ですが、農家率の低い地区は、平均値よりも低い世帯人数を示す傾向にあり、高齢化率が五〇パーセントを超える地区もみられます。そうした地区では、独居高齢者世帯の割合が多いために家族による支援が期待しにくい状況にあることがうかがえます。

　それでは、住民は地震に備えてどのような対策をとっているでしょうか。本山町住民へのアンケート調査[3]（複数回答）によると、「食料や水などの備蓄」の一八・八パーセント（三三人）を超えて、

「何もしていない」と回答した世帯が二一・〇パーセント（三七人）と最も多くなっています（表４－３）。地区別にみると、中心部である一区地区で「食料や水の備蓄」、「防災グッズの準備」、「避難経路や避難場所の確認」がそれぞれ一九・四パーセント（一三人）と多くなっていますが、周辺部の吉延地区では「特に何もしていない」が三六・一パーセント（一三人）、屋所地区では「家具固定」とともに「特に何もしていない」の構成比が二〇・七パーセント（六人）と最も高くなっています。「特に何もしていない」と回答した人にその理由をたずねると、「きっかけがない」が最多の四八・六パーセント（一八人）となっており、いずれの地区においても最も多くなっています（表４－３）。このことから、防災対策の必要性は認識しつつも、実際の行動につなげられていない世帯が多いことがわかります。また、吉延地区では、「自分が住んでいる地域は安全だから」についても三〇・八パーセント（四人）が該当しています。このことから、居住地域に対する災害リスクがまったくないかほとんどないと認識しているために、防災対策を実施していない世帯があることがうかがえます。したがって、集落の孤立が長期化して、行政や近隣住民による救援物資の調達のめどが立たなくなった場合、各家庭の防災対策が万全ではない世帯は、生活を続けられなくなるという、二次的被害を受けるリスクが高いといえます。これらの地区では高齢化が進み、独居世帯も多い傾向にあります。アンケー

表4－3　集落別にみた個人レベルの地震対策（複数回答）

		食料・水	防災グッズ	経路等の確認	家具固定	連絡先確認	何もしていない	その他	無回答	合計
一区	回答数	13	13	13	7	9	11	1	0	67
	構成比	19.4%	19.4%	19.4%	10.4%	13.4%	16.4%	1.5%	0.0%	100.0%
吉延	回答数	6	2	7	2	4	13	0	2	36
	構成比	16.7%	5.6%	19.4%	5.6%	11.1%	36.1%	0.0%	5.6%	100.0%
三寄	回答数	9	10	6	4	6	7	1	1	44
	構成比	20.5%	22.7%	13.6%	9.1%	13.6%	15.9%	2.3%	2.3%	100.0%
屋所	回答数	5	5	5	6	2	6	0	0	29
	構成比	17.2%	17.2%	17.2%	20.7%	6.9%	20.7%	0.0%	0.0%	100.0%
合計	回答数	33	30	31	19	21	37	2	3	176
	構成比	18.8%	17.0%	17.6%	10.8%	11.9%	21.0%	1.1%	1.7%	100.0%

何もしていない理由		自地域は安全	時間がない	何をしていいかわからない	きっかけがない	その他	無回答	合計
一区	回答数	2	0	2	7	0	0	11
	構成比	18.2%	0.0%	18.2%	63.6%	0.0%	0.0%	100.0%
吉延	回答数	4	1	3	4	1	0	13
	構成比	30.8%	7.7%	23.1%	30.8%	7.7%	0.0%	100.0%
三寄	回答数	0	1	0	5	1	0	7
	構成比	0.0%	14.3%	0.0%	71.4%	14.3%	0.0%	100.0%
屋所	回答数	1	0	1	2	1	1	6
	構成比	16.7%	0.0%	16.7%	33.3%	16.7%	16.7%	100.0%
合計	回答数	7	2	6	18	3	1	37
	構成比	18.9%	5.4%	16.2%	48.6%	8.1%	2.7%	100.0%

出典：アンケート調査により作成。

ト調査対象地区の平均世帯人数は二・五八人ですが、地区別にみると、吉延地区では三・二六人と高い値を示す一方、一区地区と屋所地区で二・二〇人と低い値にとどまっています。地震発生後に予定している避難場所（複数回答）について、中心部の一区では隣接する三区に立地する本山町プラチナセンター（一九・六パーセント）や五区に立地する本山町保健福祉センター（一四・四パーセント）が選択される傾向にある一方、周辺部の吉延、三寄、屋所の各地区では、集会所や自宅待機を選択する人の割合が多くなっています（表４－４）。そのため、自宅待機を選択する、または余儀なくされる独居世帯では、長期にわたって救援物資が滞った場合、自宅待機による生活の継続が困難になる可能性がより高いといえます。

このように、高知県本山町では、高齢化率が高く、世帯人数が低いうえに農家率が低くなっており、農産物の自給力が弱くなっています。それにもかかわらず、事前の防災対策が十分とはいえない世帯がみられます。したがって、孤立が長期にわたると、必要最低限の生活物資でさえ思うように入手できない状態が続く可能性があります。

自分の命は自分で守る、あるいは自分たちの地域の安全は自分たちで守るための防災対策は引き続き促していく必要があります。しかし、それだけでは応急対策として決して十分とは思えません。今や日常生活に必要な物資は広域の流通に依存しており、長期にわたって輸送路が

表４−４　地震発生後に予定している避難場所（複数回答）

		公民館	小学校	中学校	高校	保健福祉センター	プラチナセンター	役場	開けた土地	公園	神社	集会所	自家用車内	自宅待機	その他	合計
一区	回答数	12	14	0	0	14	19	7	3	1	0	10	3	12	2	97
	構成比	12.4%	14.4%	0.0%	0.0%	14.4%	19.6%	7.2%	3.1%	1.0%	0.0%	10.3%	3.1%	12.4%	2.1%	100.0%
吉延	回答数	8	0	0	1	0	0	0	6	1	1	17	2	16	1	53
	構成比	15.1%	0.0%	0.0%	1.9%	0.0%	0.0%	0.0%	11.3%	1.9%	1.9%	32.1%	3.8%	30.2%	1.9%	100.0%
三寄	回答数	6	2	0	1	0	2	0	14	1	0	15	2	15	3	61
	構成比	9.8%	3.3%	0.0%	1.6%	0.0%	3.3%	0.0%	23.0%	1.6%	0.0%	24.6%	3.3%	24.6%	4.9%	100.0%
屋所	回答数	7	0	0	0	0	0	0	6	1	0	8	2	7	0	31
	構成比	22.6%	0.0%	0.0%	0.0%	0.0%	0.0%	0.0%	19.4%	3.2%	0.0%	25.8%	6.5%	22.6%	0.0%	100.0%
合計	回答数	33	16	0	2	14	21	7	29	4	1	50	9	50	6	242
	構成比	13.6%	6.6%	0.0%	0.8%	5.8%	8.7%	2.9%	12.0%	1.7%	0.4%	20.7%	3.7%	20.7%	2.5%	100.0%

出典：アンケート調査により作成。

途切れると、いずれ物資の供給が滞ることが想定されるからです。避難生活が長引いて備蓄が底をついたときに備えて、どうやって被災地に物資を届けるかを考えておかなければならないのです。今回は山間部の課題を例に挙げましたが、津波による長期浸水が予想される高知市をはじめとする沿岸部では、人口が多いうえに行政や民間事業者も被災する恐れがあり、救援物資の輸送に与える影響は計り知れません。

今後は、行政の指示のもと、民間事業者がその輸送能力を最大限発揮できるような救援物資輸送ルートを開拓するための運用マニュアルとそのための仕組みづくりが求められます。行政職員や民間業者では人員が不足する場合には、ボランティアの活用も念頭においた協力体制を考えておく必要があるかもしれません。いずれにしても、すべての被災者に必要な救援物資を運ぶためには、限られたリソースをいかにして配分していくか、ロジスティクスの具体的計画に落とし込んでいくための基本方針の整理が必要です。被災者に救援物資を運ぶために考慮すべき条件は無数にあります。だからこそ、基本方針を定めるためには、地形の状況やそこで暮らす人々の生活状況といった地理的特性から、救援物資ルートのウィークポイントをあらかじめ把握しておかなければなりません。地域や拠点によって異なる地理的条件を織り込んだマニュアルが作成できれば、震災の状況に応じて柔軟に活用しうるものになるでしょう。そうすれば、被害の程度によらず、プッシュ型の物資輸送の限界をあらかじめふまえて、どのようにしてプル型物資輸送を組み合わせるか、被害の程度や時間とともに移り変わっていくニーズに応じて、行政と民間業者がどのように連携していくかについての判断も速やかに下せるようになるでしょう。

注

（1）総合防災拠点の８ヵ所のうち、高知大学医学部は医療活動の支援機能のみが想定されており、救援物資の集積・仕分け機能は、高知大学医学部を除く７ヵ所に設定されています。
（2）なお、この医薬品卸の高知市にある物流機能を備えた本社は二〇一七年五月、高知東部自動車道のなんこく南ＩＣに隣接する南国市に新築移転しています。この場所は地震による液状化や津波浸水のリスクが少ないうえに、交通利便性の高い立地です。また、燃料の備蓄や複数の電源装置から電力供給が可能な状態を整えるとともに、陸送が難しい場合に備えて、ヘリポートを二つ備えるなど、地震発生後にも医薬品を配送できるようにするための保管体制の強化に努めています。
（3）同調査は二〇一六年一一月に本山町の四地区（一区、吉延、三寄、屋所）の住民に対して実施したアンケート調査にもとづいています。本山町総務課にアンケート票の配布を依頼し、各地区の区長を通じて、世帯に配布、回収しました。アンケート票の配布数二四一、回収数一〇七（回収率四四・四パーセント）でした。なお、この調査は市川（2017）による卒業論文の作成にあたって実施した成果の一部です。

第Ⅲ部　効果的な被災地への物資供給のために　ＧＩＳ編

第5章 GISによる輸送シミュレーション

本章では、前章までにふれられてきた防災・減災に向けての考え方やシステムづくりをより実践的におこなうために、GIS（地理情報システム Geographical Information System）を使って地理学ができることを考えていきます。はじめに、GISとはいったい何で、何を使って何ができるのかをできるだけわかりやすく説明します。そして、GISで使用されるデータについて、特に防災・減災に関わるものを紹介して、それを使った災害発生時を見据えた簡単なシミュレーションをおこないます。四国地方を事例地域として取り上げて、本州からの広範囲の緊急物資輸送と、高知県東部のより狭い範囲における輸送について検討します。

ＧＩＳ（地理情報システム）とは

読者のなかには、本書を手にするまでＧＩＳをご存じなかった方も多いのではないでしょうか。「知ってるよ。自分の場所がわかるヤツだろ？　俺のスマホにも入ってるよ」と、よく勘違いされるのですが、残念！　それはＧＰＳのこと。「知ってるよ。自分の場所をマップで見られるヤツだろ？　俺のスマホにも入っているよ」というのはほぼ正解で、ＷｅｂベースのＧＩＳを指しています。違いがわかりづらいかもしれませんが、前者はGlobal Positioning System の略であり、地球上で自身がどこにいるのかを把握できる装置です。後者はGoogle Maps や Bing Maps のような、インターネットやスマホアプリで使用できるデジタルマップを指していて、Ｗｅｂベースで使用できるＧＩＳのため、ＷｅｂＧＩＳと呼ばれます。ＧＩＳは、何がどこにあるのかという座標情報をデジタルデータとして保存しており、それらをマップとして再現して何種類も重ね合わせることによって、さまざまな計算や分析を可能とします。

私たちの生活で最も早く、そして最も広く浸透したＧＩＳはカーナビといえるでしょう。同じ技術は、前述のＷｅｂマップにも応用されて、目的地を入力するとスマホがその場所までの最適ルートを案内してくれる時代になりました。また、あまり知られていませんが、全国チェーン展開をしているファストフード店やカフェの出店計画や、物流業者による配送ルート選定にも活用されています。そして、防災についても、ある条件下で自然災害が発生した際に、どこでどの程度の被害が生じるかをＧＩＳでシミュレーションし、それにもとづく情報がハザードマップとして公表されています。ＧＩＳは、この一〇年から二〇年で飛躍的に普及したのですが、あまり表舞台に姿を現さず（現したとしてもＧＩＳとは名乗らず）、縁の下の力持ちとして働いていることが多いといえます。本書におけるＧＩＳに期待する役割は、ここに示した活用例でいえば、配送ルート選定とハザードマップを組み合わせた応用と考えることができるでしょう。

ＧＩＳの仕組みと防災・減災に関わる空間データ

ＧＩＳの仕組みについて、ここでは必要最低限のことを簡潔に説明したいと思います（本格的に学びたい方は、村山・柴崎編（2008）などの良い専門書がたくさん出版されていますので、そちらをご参照ください）。

ＧＩＳは、簡単にいうとデジタルマップでさまざまな分析を行えるソフトウェアです。ワープロソフトに何種類ものソフトウェアがあるように、ＧＩＳソフトにも何種類ものソフトウェアがあります。ＧＩＳソフトで何かしら分析するためには、「何」がどこにあるのかを座標値で保存している空間データが必要です。空間データは、その「何」の種類によって別々のファイルに保存されます。例えば、道路、建物、川、海岸線、標高、行政界など地表面に描かれるものすべてが対象になりえます。それらの空間データを、ＧＩＳソフトに読み込むと、層状に重ね合わせられます（図５－１）。それぞれの空間データをレイヤ（層）と呼びます。それぞれは独立した空間データですが、ＧＩＳソフトがそれらを束ねて、それらの空間データ（レイヤ）間の関係の分析を可能にしてくれます。

ＧＩＳに読み込める空間データには、無料と有料のものがあります。空間データは人の手によって一からつくられるものですから、作成に大変な作業量を要するデータは一般的に有料であり、高価になる傾向にあります。しかし、二〇〇七年に施行された「地理空間情報活用推進基本法」にもとづき、国の機関によって作成された多くの空間データが無料で公表されるよう

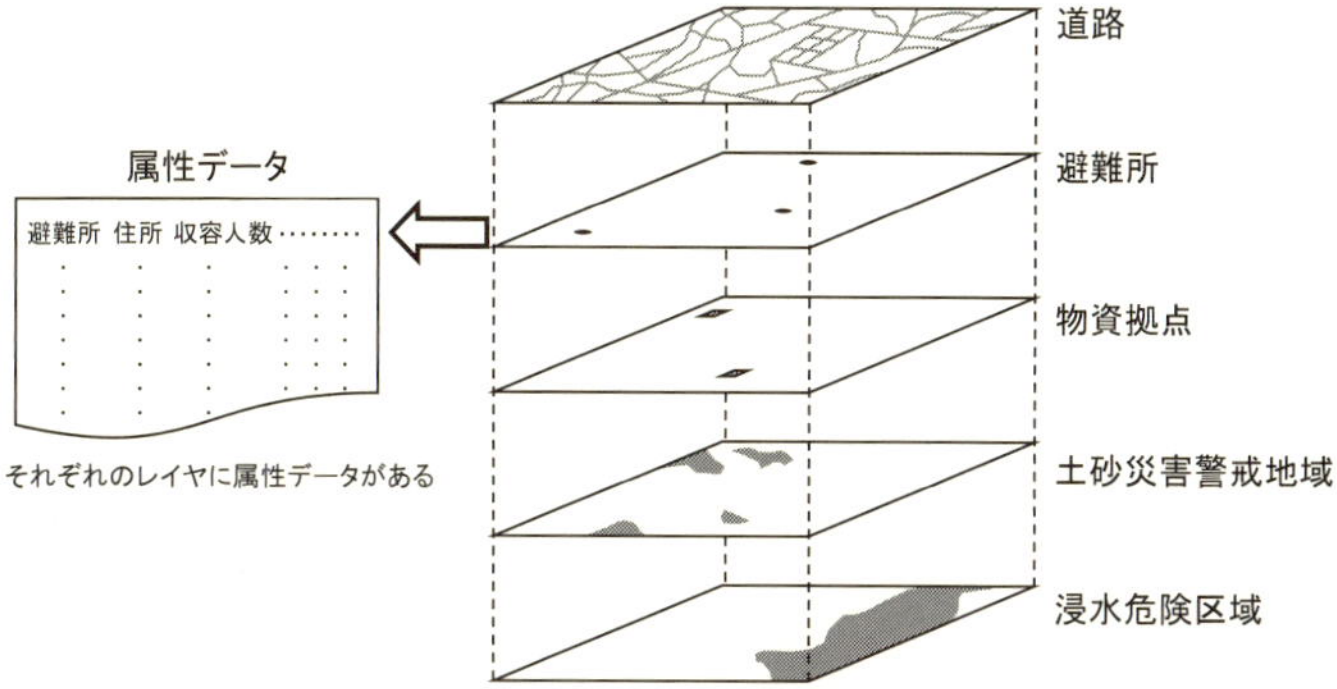

図５－１　ＧＩＳの構造

になりました（橋本編 2009）。そのなかには、防災・減災に関する有用なものもみられます。このあとで実施するシミュレーションに使用する空間データを中心に、四国地方を事例にいくつか紹介します。

まず、国土交通省国土政策局が提供する国土数値情報の緊急輸送道路ネットワークです（図５－２a）。これは、各都道府県が指定している緊急輸送道路を示すライン（線）データであり、第一次から第三次までの階層（都道府県によっては第二次までしかないところもある）、国道などの道路の種類の属性データが付与されています。図５－２aをみると、四国地方の沿岸部と、各県間にまたがる主要道路が第一次緊急輸送道路に指定され、有事の緊急輸送時の幹線道路として位置づけられている様子がうかがえます。第一次緊急輸送道路の空白地を補うように、第二次緊急輸送道路が指定されています。

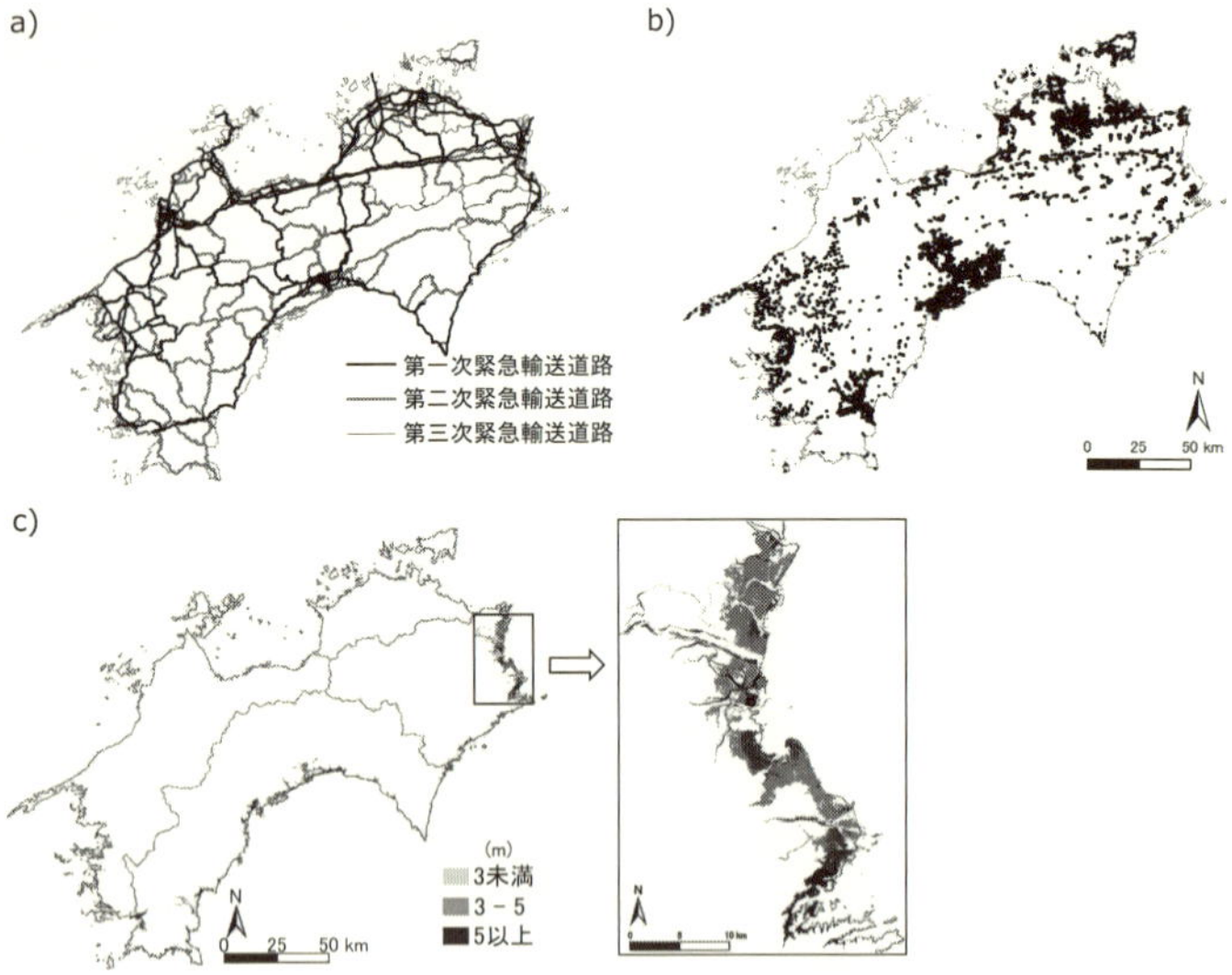

図５－２　防災に関する地理空間情報

出典：ａとｂは国土数値情報、ｃは中央防災会議防災対策推進検討会議南海トラフ巨大地震対策検討ワーキンググループ（2012）のデータから作成。

次に、国土数値情報の土砂災害危険箇所データです（図5－2b）。これは、各都道府県が指定する土砂災害危険箇所（土石流危険渓流、地すべり危険箇所、急傾斜地崩壊危険箇所）のポリゴン（面）データです。斜面角度が一定基準以上であるなど、あくまで客観的な基準から災害発生の危険性が高いことを示唆するものです。これをみると地域的な偏りがだいぶ大きいことが明らかです。

最後に、中央防災会議防災対策推進検討会議南海トラフ巨大地震対策検討ワーキンググループによって二〇一二年に公表された津波浸水範囲のデータです。「最大クラスの地震・津波」の一一パターンについてシミュレートされており、図5－2cには四国東部沿岸に最も高い津波をもたらす「「紀伊半島沖～四国沖」に「大すべり域＋超大すべり域」を設定」ケースにもとづく結果を示しています。「五〇メートルメッシュ」という東西南北五〇メートル四方の四角いセルごとに、津波浸水高が予想されています。

GISの分析機能

GISにはさまざまな分析機能が備えられていますが、ここでは本章の分析で使用する一部について簡単に説明します。

はじめに、重ね合わせ（オーバーレイ）です。

災害発生時に重要とされる緊急輸送道路ですが、実はこの緊急輸送道路も災害で通行止めになる危険性もあります。第3章で説明があったように、四国地方は比較的脆い地盤が広がっています。例えば、緊急輸送道路が地震による土砂災害で通行止めになってしまえば、それこそ緊急輸送の大きな妨げとなってしまいます。そこで、そのような危険性を把握するために、土

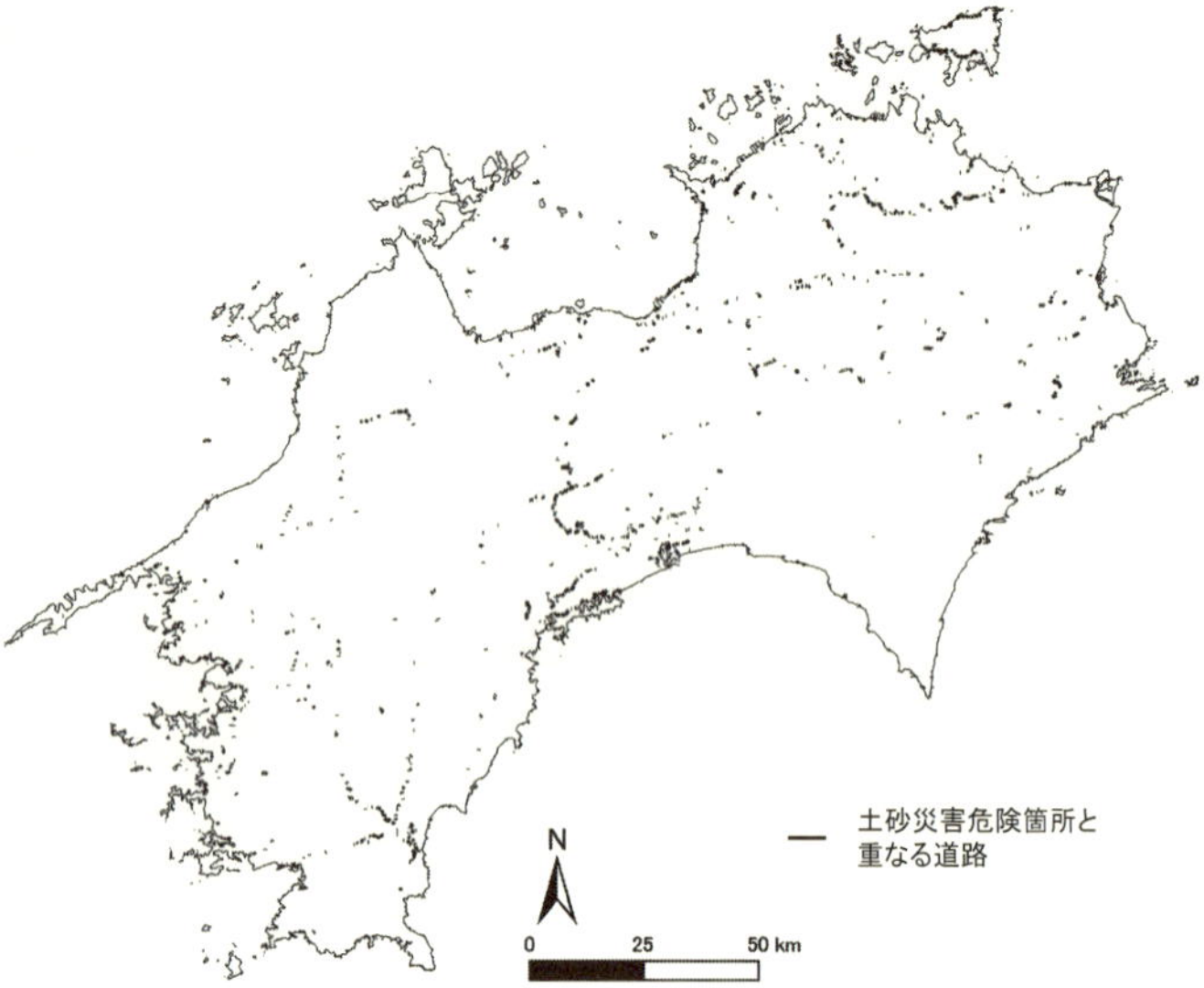

図５－３　土砂災害危険箇所と重なる緊急輸送道路区間

出典：国土数値情報から作成。

砂災害危険箇所に重なる緊急輸送道路を見つけ出します。ＧＩＳを用いて、土砂災害危険箇所の面データと重なる緊急輸送道路の箇所を切り出します。その結果を図５－３に示しますが、実に二〇九ヵ所の総延長二五七・八キロメートルの緊急輸送道路区間が、土砂災害危険地域に含まれていることがわかりました。当然ながら、地震によってこれらすべての地域で災害が発生するわけではありませんが、土砂災害危険箇所に指定されていない地域に比べれば災害発生確率は高いといえます。したがって、大きな地震が発生した際に、緊急輸送上の当該箇所が通行止めになった場合に、いかに緊急輸送網を再構築するのかを、事前に考慮しておく必要もあるでしょう。

次に、最短経路探索です。これは、道路ネットワーク上に配置された特定の地点間の最短経路を探索する機能であり、カーナビなどでもお馴染みのものです。ここでは、本州から四国地方の広域物資拠点への救援物資輸送を想定して、事例を示します。広域物資拠点とは、災害発生時に四国四県全域に救援物資を広く流通させるための場所です。国土交通省四国運輸局の二〇一三年の報告書では、四国地方には一四ヵ所が想定されており、公園などの広い敷地を有する施設が主に指定されています（図５－４・表５－１）。

残念ながら四国地方の広域物資拠点の空間データはありませんので、当該施設の住所リストをもとにアドレスマッチングによって広域物資拠点のポイント（点）データを作成しました。アドレスマッチングとは、住所をマップ上の座標値に変換してくれる便利なツールです。Google Maps にもこの機能は搭載されており、住所を入力すると、その場所をマップ上で示してくれます。このように、配付・販売されている空間データばかりではなく、ＧＩＳでは必要に応じて自身でデータを作成して追加することができます。

本州側の救援物資の発地はさまざま考えられますが、本州四国連絡高速道路（神戸淡路鳴門

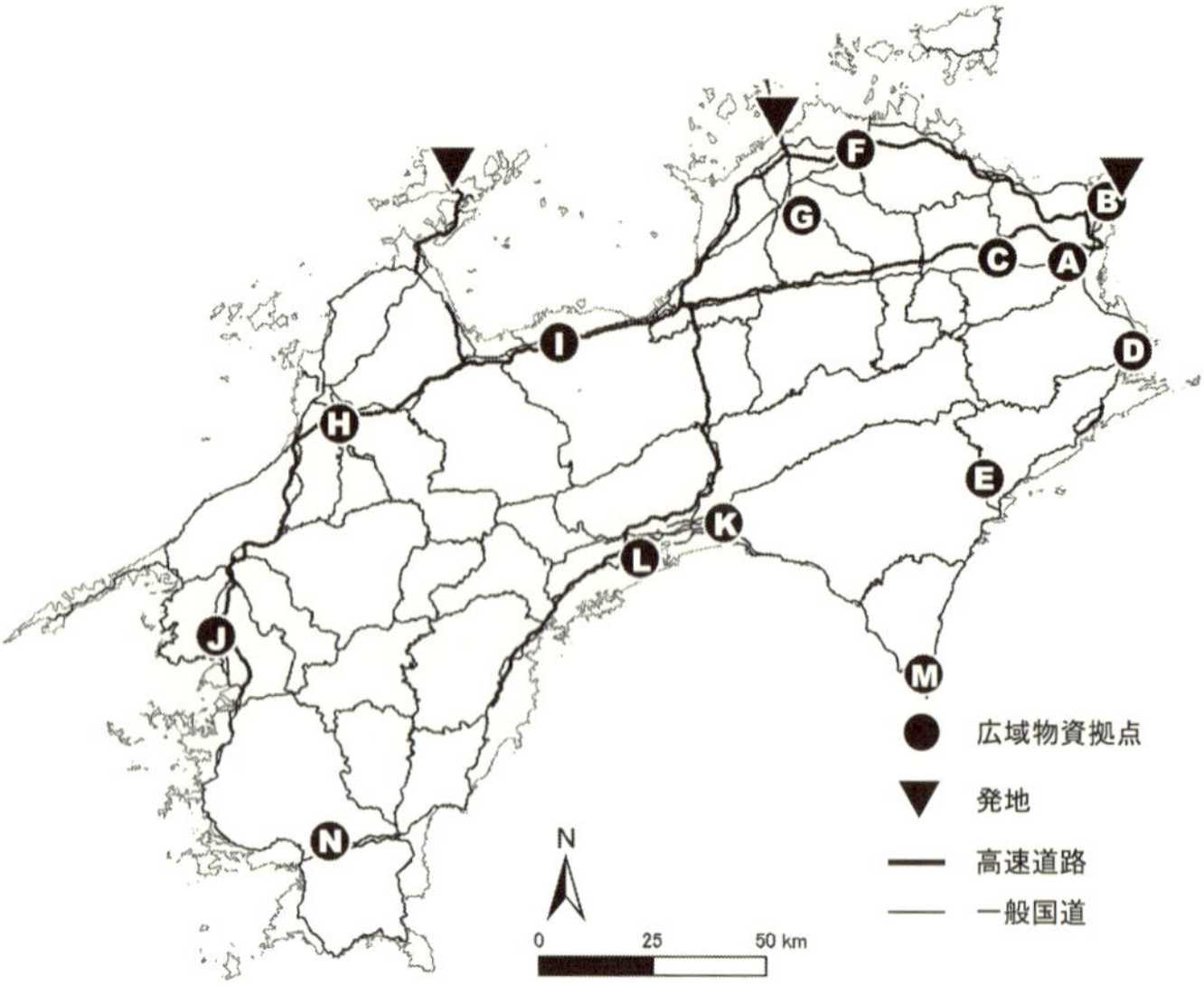

図5－4　仮定する広域物資拠点と距離計測発地

自動車道・瀬戸中央自動車道・西瀬戸自動車道）を必ず通りますので、これらの高速道路上に便宜的に設定します。三本の各高速道路において、本州側からみて最も近い四国の海岸線と重なる地点としました（図5－4）。

このような条件のもと、道路距離にもとづいて発着地間の最短経路探索をおこないました（図5－5ａ）。一四ヵ所の広域物資拠点には、最短の道路距離で到達する発地から救援物資が輸送されることにしました。その結果、神戸淡路鳴門自動車道からは六ヵ所、瀬戸中央自動車道と西瀬戸自動車道からはそれぞれ四ヵ所ずつの広域物資拠点に対して、最短の

表５－１　仮定する広域物資拠点

県	市町村	拠点名
徳島県	徳島市	A. 徳島県蔵本公園
	鳴門市	B. 鳴門競艇場
	吉野川市	C. 吉野川市鴨島運動場
	阿南市	D. 阿南中学校グラウンド
	海陽町	E. 川上農村広場
香川県	高松市	F. 香東川公園成合運動場
	まんのう町	G. 国営讃岐まんのう公園
愛媛県	松山市	H. 愛媛県総合運動公園
	新居浜市	I. 山根公園
	西予市	J. 西予市宇和運動公園陸上競技場
高知県	香南市	K. 高知県立青少年センター
	高知市	L. 春野総合運動公園
	室戸市	M. 室戸広域公園
	宿毛市	N. 宿毛市総合運動公園

出典：国土交通省四国運輸局（2013）をもとに作成。

道路距離で輸送できることがわかりました。

以上は簡単な事例にすぎませんが、ＧＩＳをうまく利用することによって、さまざまな防災・減災に関わるシミュレーションや分析が可能になります。

救援物資輸送シミュレーションの方法

以下では、地震によって生じた津波浸水と土砂災害が、いかに救援物資輸送経路に影響を与えるのか、上述のデータをもとにＧＩＳを援用した簡単なシミュレーションをおこなってみます。救援物資輸送とはいっても、第4章に示したように、さまざ

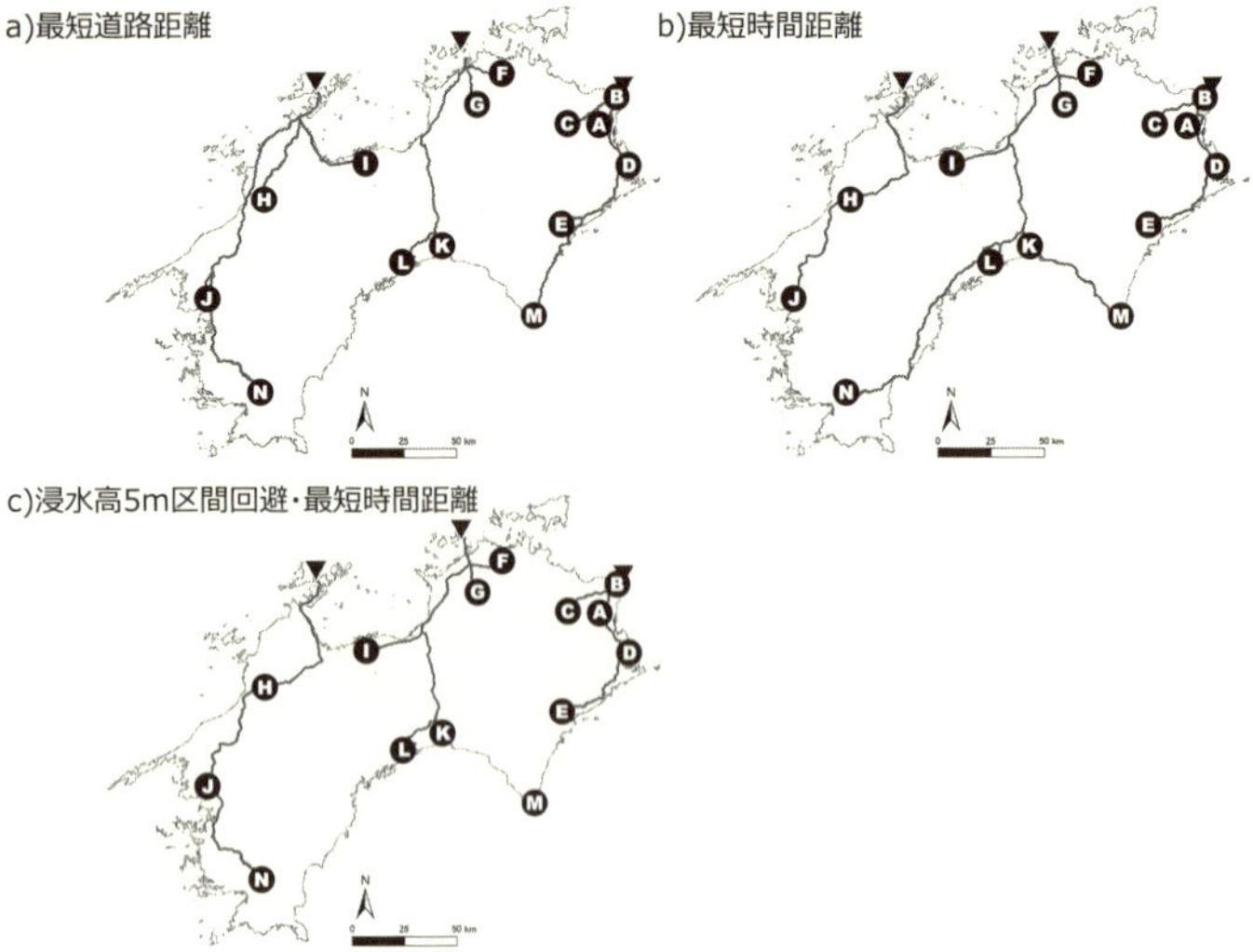

図５－５　広域物資拠点への経路

まなレベルでの、さまざまな場所を結ぶ輸送があります。本章では二つの異なるレベルの輸送についてシミュレーションを試みます。

　一つ目（①）は、本州から四国四県の広域物資拠点への広域的な救援物資輸送です。被災後は、はじめに被災地周辺で備蓄されている物資が配布されていきます。同時に、被災していない地域から、被災している地域への救援物資も運ばれていきます。東日本大震災では、被災した太平洋沿岸地域に内陸の東北自動車道を経由して救援物資が輸送されました。本章では、四国四県に本州から救援物資が輸送されると想定します。二つ目（②）は、広域物資拠点からその周

表５－２　シミュレーションの条件

シミュレーション	①	②
発地	本州四国連絡高速道路と四国地方海岸線の交点	室戸広域公園（広域物資拠点）
着地	広域物資拠点（14ヵ所）	周辺の二次物資拠点（11ヵ所）
高速道路	80km/h － 60km/h	
その他一般道	30km/h	
津波浸水	浸水高5m 以上の道路は通行不可	
土砂災害	土砂災害危険箇所の道路について道路距離１km あたり0.351％の確率で通行不可	設定なし

辺の二次物資拠点への輸送のシミュレーションです。広域物資拠点の一つである高知県室戸市の室戸広域公園を事例として取り上げ、そこから周辺地域の二次物資拠点への救援物資輸送を考えます。

なお、四国地方における救援物資輸送システムは、執筆時点（二〇一七年三月）でまだ正式に決まっていません。第４章で高知県の計画にふれられているように、四国地方の各県で計画立案が進められています。本章で取り上げる輸送はあくまで一つのモデルの一部であることをお断りしておきます。

シミュレーションの想定は表５－２のとおりです。①では、前節の最短経路探索と同様に発着地を設定します。着地は四国四県の広域物資拠点全一四ヵ所です。②では室戸広域公園を発地として、周辺地域の二次物資拠点を着地とします。具体的には、国土交通省四国運輸局の報告書で室戸広域公園のカバーエリアとして仮定されている高知県東部の一市四町二村（室戸市・田野町・東洋町・奈半利町・安田町・北川村・馬路村）に設定されている一一ヵ所の二次物資拠点を着地とします。

前節の最短経路探索では道路距離にもとづいて発着地間の最短経路を探索しましたが、ここでは時間距離（単位：分）にもとづいた最短時間の経路を探索します。発着地間を結ぶ道路における救援物資の輸送トラックの移動速度については、原則として各区間の法定速度に従いますが、物資輸送用のトラックが走行すると考慮して最高で時速八〇キロメートルとします。その他の一般道については一律に時速三〇キロメートルとします。例えば、目的地まで一般道経由では九〇キロメートル、高速道路経由では迂回するような経路で一二〇キロメートルの距離があるとします。物理的距離でいえば前者が最短経路となりますが、時間距離でみれば前者が一八〇分、後者は九〇分となり、最短時間距離は九〇分ということになります。

被災による通行不可区間は、津波浸水と土砂災害の二通りを想定します。津波浸水については、浸水高五メートル以上が予想される範囲の道路は、深刻な損傷が生じるとみなして通行不可とします。浸水高五メートル未満の道路については、道路上に散乱した瓦礫等を除去することにより、通行可能状態に復旧できると仮定します。一方、土砂災害については、土砂災害危険箇所の道路において、道路距離一キロメートルあたり〇・三一五パーセントの確率で発生するとします。土砂災害が発生したとみなされた道路は通行不可とみなします。この確率の値は、東日本大震災の災害を分析した鳥澤一晃らの研究における道路距離あたりの土砂災害発生確率を参考に、土砂災害危険箇所でのみ土砂災害が発生するとみなして、筆者が再計算した値です（鳥澤ほか 2014）。

以上の条件は、あくまで一つの設定であり、実際には異なる状況になることが考えられます。通行可能な道路に車が集中することによって、一般道の移動速度はさらに低くなることも考えられます。とくに昼間の市街地では、もっと低くなるでしょう。逆に、交通量が少ない夜間の道路であればもっと高くなるでしょう。通行不可区間についても、浸水高が六メートルでも瓦礫を撤去さえすれば通行できる道路もあれば、浸水高が三メートルでも路面の大きな損傷や橋梁の破壊によって通行不可になってしまう道路もあるでしょう。また、土砂災害危険箇所ではなくても、液状化による路面損傷やマンホールの突出、橋脚の損傷、橋と道路の境界における高い段差の発生によって、通行不可になる場所は多々考えられます。しかし、それらをすべて考慮することは困難ですので、本章ではあくまで一つの例として、以上の条件のもと、簡易的なシミュレーションを試行します。それによって、平常時の輸送といかなる差異が生じるのかを考えます。

　土砂災害の発生箇所は上述の確率にもとづいて予測をするため、サイコロの目と同じように、予測するたびに発生箇所はさまざまなパターンを示すことになります。そのため、本章では一〇〇パターンの土砂災害の発生箇所についてシミュレーションを実施して、各輸送経路への影響を検証します。

シミュレーションの結果①　広域物資拠点までの物資輸送

　はじめに、広域物資拠点までの輸送（①）についてみてみましょう。災害が発生していない、平常時の最短輸送時間と経路は図５－５ｂのとおりになります。道路距離にもとづく最短経路（図５－５ａ）と比べると、高知県の東西両端にある拠点までの経路に大きな変化がみられました。各広域物資拠点までの最短時間距離についてみてみましょう。図５－６の「平常時」の棒グラフをみると、発地から一時間以内に到着する広域物資拠点は五ヵ所、二時間以内に到着できるのは八ヵ所にいたることがわかります。その多くは、本州側に近い徳島県北部地方、香

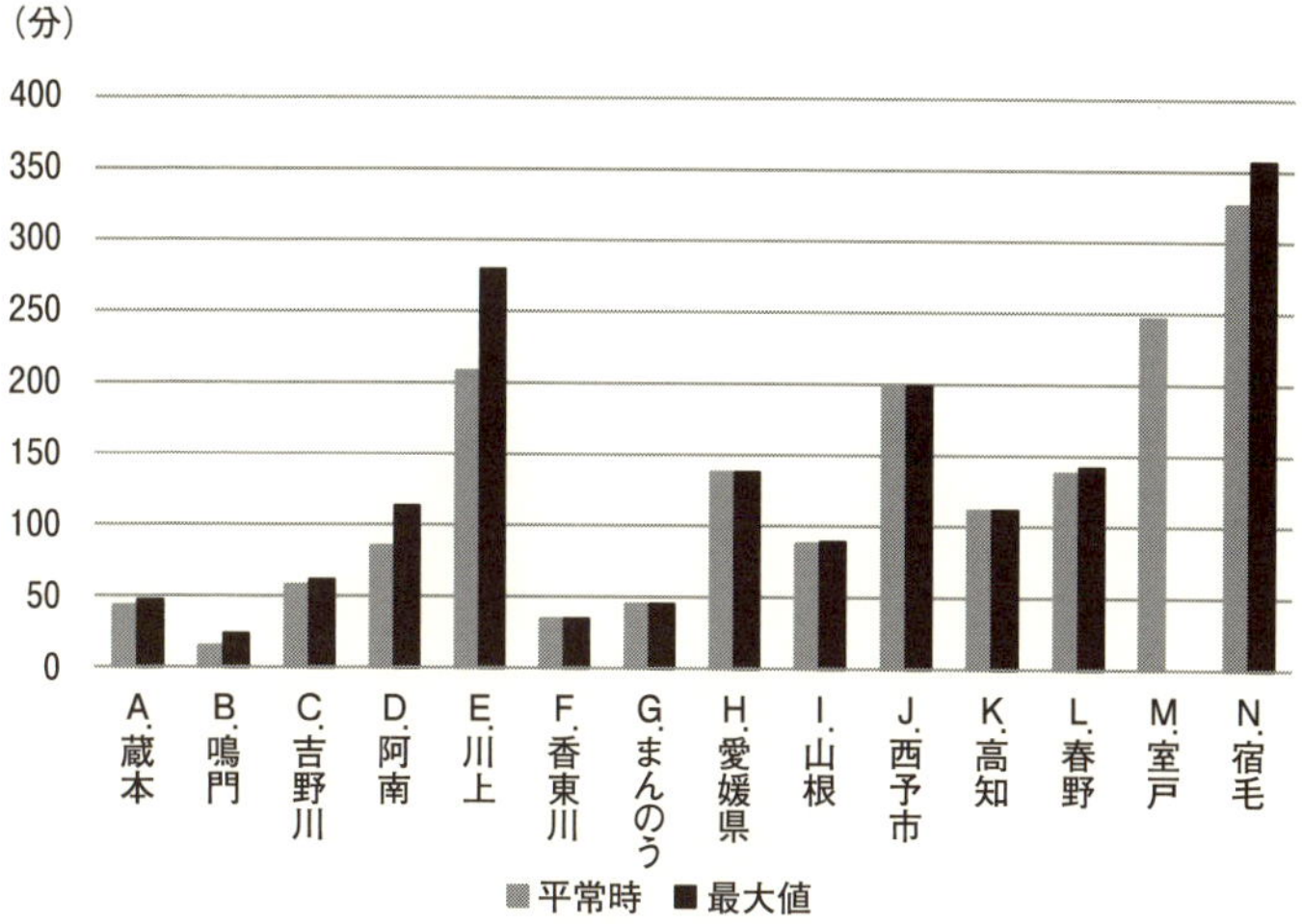

図５－６　シミュレーション結果による広域物資拠点までの時間距離

川県、愛媛県東予地方に位置しています。

一方、三時間を超える拠点も四ヵ所ありました。いずれも南海トラフ地震による津波被害が予想されている太平洋側の拠点であり、とくにＭ＝室戸では四時間、Ｎ＝宿毛では五時間を上回りました。

次に、一〇〇パターンの土砂災害発生シミュレーションの結果をみてみます。一〇〇パターンのうち、図５－５ｂの最短時間経路上で土砂災害が発生したのは三四パターンでした。そこでは、土砂災害が発生して通行不可となった箇所を避けて、次善の輸送経路を探索します。それによって、広域物資拠点への輸送時間は長くなってしまいます。通行不可になった道路の近くに短い迂回路があれば、輸送時間はあまり長くなりません。しかし、近くに他の迂回路が見当たらない山中の道路であれば、一山越えた隣の谷筋の道路に回り込むように大きく迂回しなければなりません。図５－６の「最大値」のグラフは、そのような迂回が発生した最短輸送時間のうち、最も大きな値を示しています。ただし、一四ヵ所の広域物資拠点のうち、Ｍ＝室戸については輸送時間を計測することができませんでした。それは、津波による通行不可の道路を迂回して室戸広域公園にたどりつく経路がなかったためです。室戸岬方面に向かう幹線道路である国道五五号線は、徳島県側からも、高知市側からも、海沿いを走行します。そのため、五メートルを上回る津波浸水が予想される区間が多く該当します。さらに、国道五五号線を迂回して山中を走るような道路が整備されていないため、代替の輸送経路を見つけ出すことができませんでした。室戸広域公園の周辺地域については、②の分析においてもう少し詳しく考察します。

さて、その他の広域物資拠点については、とくにＥ＝川上とＮ＝宿毛における輸送時間の増大が目立ちます。前者は平常時よりも一時間以上増加して約四時間四〇分にまで、後者は三〇分増加して約六時間にまでいたりました。

表５－３には、一〇〇パターンの土砂災害発生による最短輸送時間の変化と特徴を示しました。「土砂災害発生」は一〇〇回のシミュレーションのうち、最短輸送時間の経路上で土砂災

表5-3　シミュレーション結果による広域物資拠点までの時間距離と土砂災害発生

	平常時（分）	最大値（分）	土砂災害発生（箇所）	増加平均(分)
A. 蔵本	43.2	46.8	0	0.0
B. 鳴門	14.8	23.5	0	0.0
C. 吉野川	57.6	61.3	8	0.1
D. 阿南	84.9	112.9	1	0.1
E. 川上	208.0	279.2	5	17.6
F. 香東川	34.3	34.4	3	0.1
G. まんのう	45.0	45.0	0	0.0
H. 愛媛県	137.3	137.4	2	0.1
I. 山根	87.6	88.9	15	0.1
J. 西予市	198.2	198.7	6	0.3
K. 高知	111.1	111.5	8	0.2
L. 春野	137.7	141.3	11	0.1
M. 室戸	246.3	−	−	−
N. 宿毛	325.9	356.5	8	3.5

害による通行止めが発生した回数を示しています。「増加平均」は、その通行止めが発生した回数で増加した最短輸送時間の平均値を示しています。これをみると、I＝山根やL＝春野への最短輸送時間の経路は一〇パーセント以上の確率で通行止めが発生することを示しています。しかし、短い距離ですむ迂回路があるために、通行止めによる輸送時間への影響はさほど大きくないことがわかります。その一方で、E＝川上の場合、最短輸送時間の経路が通行止めになる可能性は五パーセントでしたが、その迂回による輸送時間への影響は他に比べてはるかに大きいことがわかります。すなわち、E＝川上に至る最短輸送時間の経路の迂回路は、かなり遠回りを強いら

れるといえます。

シミュレーションの結果②　広域物資拠点からの物資輸送

次に、広域物資拠点のＭ＝室戸広域公園から周辺の二次物資拠点までの輸送（②）についてみてみましょう。①の結果からもわかるように、高知県東部の沿岸部は津波浸水により通行不可の道路区間が多くみられます。そのため、ここでは土砂災害は考慮せず、津波浸水の被害の影響について分析します。

図５－７には、平常時における室戸広域公園から周辺の二次物資拠点までの最短輸送時間経路を示しました。一一ヵ所の二次物資拠点のうち室戸市外の九カ所は室戸広域公園から一〇キロメートル以上離れており、それぞれ太平洋沿岸の国道五五号を長らく走行しなければならないことがわかります。

次に、①と同様に津波浸水による道路通行への影響によって、室戸広域公園から二次物資拠点へのアクセスがどのようになるかを図５－８でみてみましょう。図中に示す五メートル以上

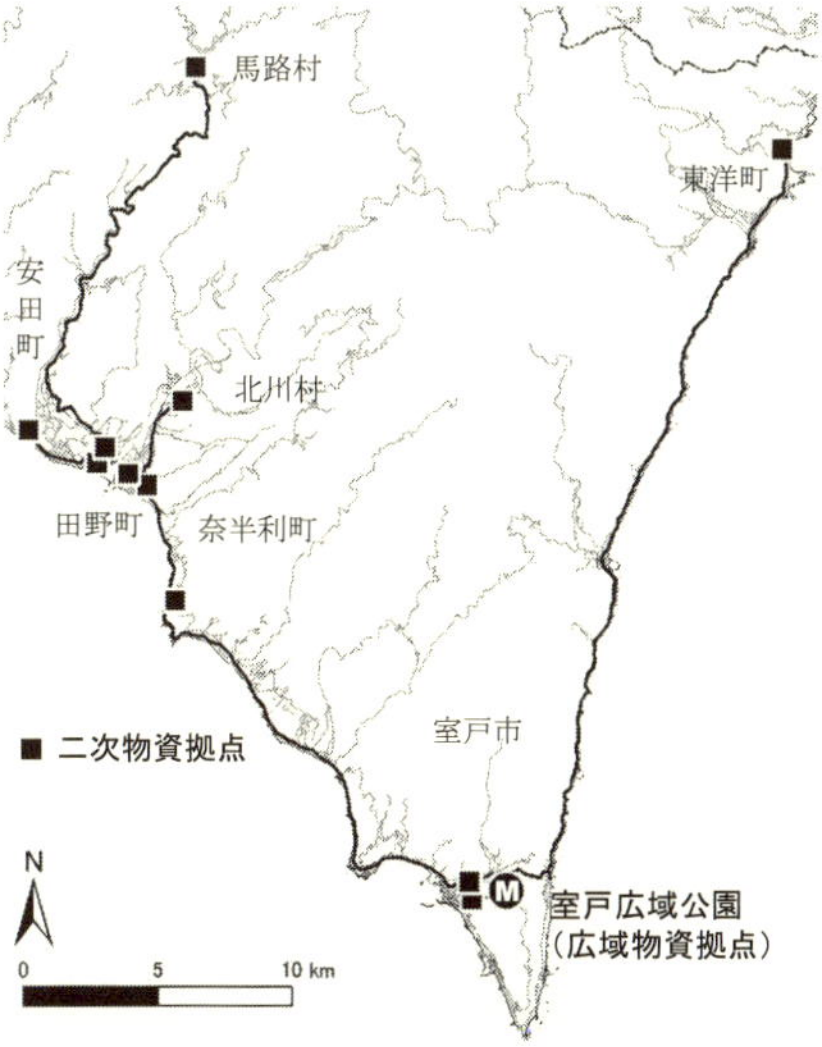

図５−７　平常時における室戸広域公園から二次物資拠点への最短時間経路

浸水域において通行不可になった場合、室戸広域公園から到達可能な二次物資拠点は室戸市内の二ヵ所のみになってしまいました。上述のように、太平洋沿岸の国道五五号が五メートル以上の浸水を受けたため、東側の東洋町方面にも、西側の奈半利町方面にも移動できなくなりました。

室戸広域公園から物資が輸送できなくなった二次物資拠点には、どのように物資を輸送すればよいでしょうか。考えられる第一の方法は、他の広域物資拠点からの輸送ということになるでしょう。そこで、他の広域物資拠点からの最短輸送時間経路を探索しました。すると、安田

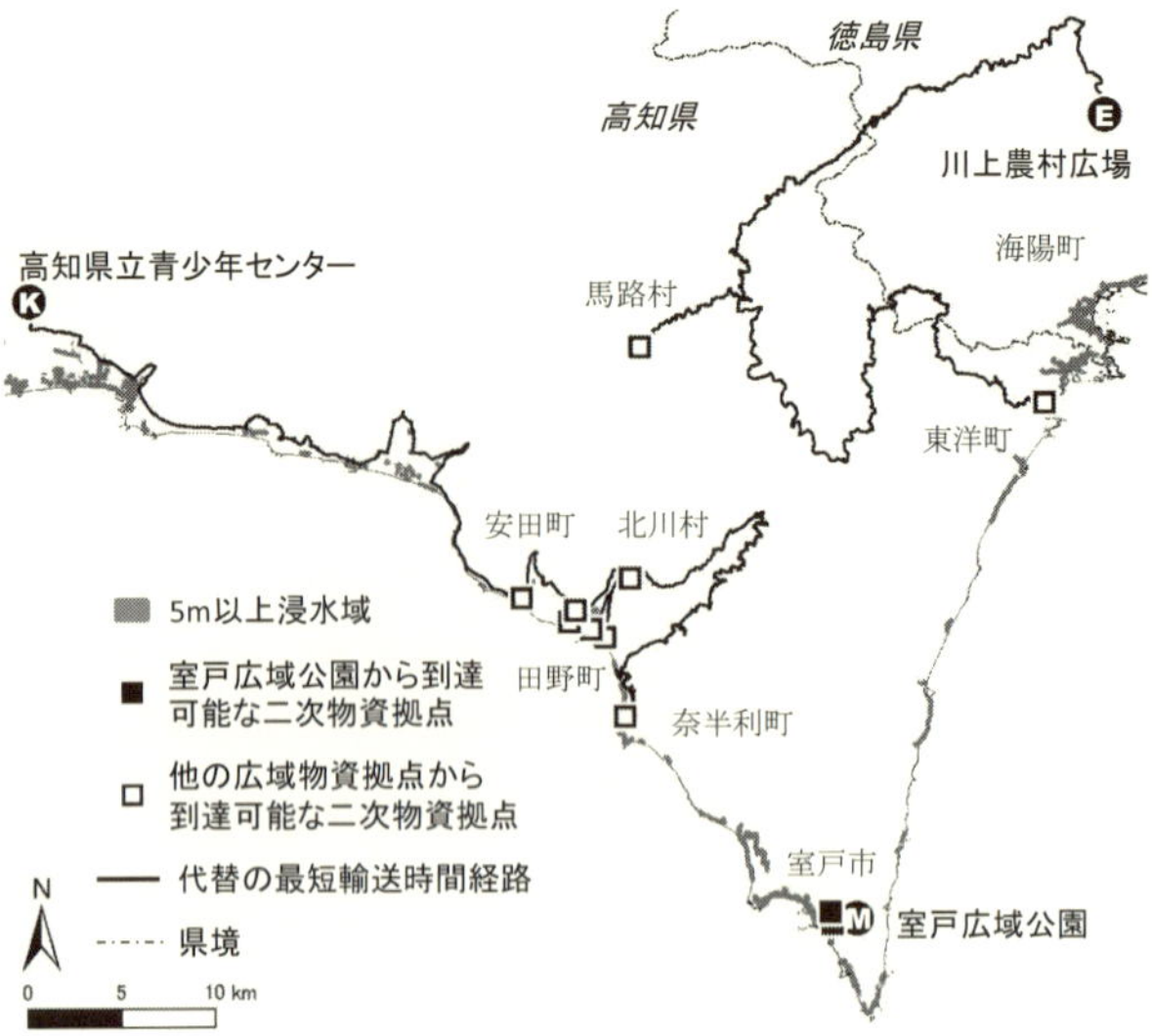

図５－８　浸水高５ｍ以上の道路を通行不可とした際の代替の最短時間経路

町から奈半利町にかけての六つの二次物資拠点には、浸水域を大幅に迂回しながらも、Ｋ＝高知県立青少年センターから輸送できる経路が確保できました。一方、東洋町と馬路村の二次物資拠点には、徳島県海陽町のＥ＝川上農村広場から山中を経由する経路が確保できました。物理的にみれば、これでＭ＝室戸広域公園がカバーすべき二次物資拠点への輸送経路は確保されたといえます。

ただし、これらの山道を迂回する輸送経路は、①の分析で考慮したような土砂災害の危険性もあります。高知県東部では山が海に迫っている地形のため、沿岸部の道路の迂回路は幅員の狭い山道となります。大型車両が通行できる道ばかりではありませんし、土砂災害によって通行不可になる危険性も十分に考慮しなければなりません。仮に通行できたとしても、貴重な交通路として多くの車両が集中することになり、大型車両のすれ違いに苦労して大渋滞が発生することは、東日本大震災や熊本地震などでもみられました。

また、Ｋ＝高知県立青少年センターは、本来、高知市周辺の二次物資拠点に物資を輸送する必要性がありますので、物資のストックや供給量の問題から、必ずしも高知県東部にまで輸送できるとも限りません。したがって、今回のシミュレーションのような代替輸送を可能にするには、Ｋ＝高知県立青少年センターからも高知県東部の二次物資拠点まで物資を輸送できる体制をあらかじめ準備しておく必要があります。一方、徳島県のＥ＝川上農村広場から高知県の東洋町と馬路村への物資輸送については、県をまたぐという行政的な問題もあります。具体的な救援物資輸送体制は、県が大きな単位となっており、そのなかにいくつかの広域物資拠点が設けられ、それらが県全域を分担する様式になっています。そのため、ある県の広域物資拠点から他県の市町村まで越境して輸送することは一般にはありません。例えば、被災範囲が限定的であり、自県が被災していない場合であれば、県境をまたがっての救援などはありえます。しかし、自県も被災して救援物資が求められている状況下であれば、同様に被災している隣接他県への救援物資輸送をおこなうことは、現実的には容易ではないといえます。その点で考えれば、被災の状況に応じた対策として、事前に県境をまたがる地域間における救援物資輸送の協定などを策定しておくことが重要といえます。

ＧＩＳの可能性——静的から動的なＧＩＳへ

以上のように、地震によって生じた津波浸水と土砂災害が、いかに救援物資輸送経路に影響を与えるのか、ＧＩＳを援用した簡単なシミュレーションをおこないました。ここでおこなったシミュレーションは、あくまで事前に明らかになったデータをもとに、想定した被災とそれへの対応を検討した事前準備的な分析です。この分析によって、被災前にいかなる準備をしておくかを検討することができます。本章の分析では用いませんでしたが、それぞれの物資拠点がカバーする人口から、被災時に必要な物資の種類と量をあらかじめ算出して、何をどこにどれだけ備蓄するべきかを求めることができます。その分析結果によっては、物資拠点を増加させたり、拠点の場所を変更させたり、あるいは拠点のカバーする範囲を変更するなど、双方向的な検討が可能となります。また、下位階層の拠点への物資輸送にともなう上位階層の拠点への物資補給も考慮しなければなりません。すなわち、避難所への物資補給にともない、物資が枯渇していく二次物資拠点には、広域物資拠点から遅滞なく物資を補給する必要があり、広域物資拠点にも補給していくロジスティクスが重要となります。さらには、それらを円滑に輸送するトラックの数を明らかにし、トラックと運転手をどこから確保できるのかも事前に把握しておく必要があります。このような分析は、ＧＩＳを活用して効率的に進めることができるでしょう。

以上はいわば、事前に予測されているデータに基づいた静的（スタティック）な分析といえます。被災する前にできることをできるだけ準備しておくためには、必要不可欠なものです。ただし、実際に発生する災害やそれにともなう被災状況のすべてを事前に予想することはできません。実際には、事前準備された対策をもとに、現況を判断しつつ臨機応変に物資輸送をおこなっていかなければなりません。

被災後の状況は刻一刻と変化していきますが、ある一時点を切り取れば、必要な情報さえ揃っていれば、事前のシミュレーションと同じように最適な物資輸送の方法をＧＩＳで探索することができます。すなわち、各避難所で必要とされる物資の種類と量、各物資拠点に保管さ

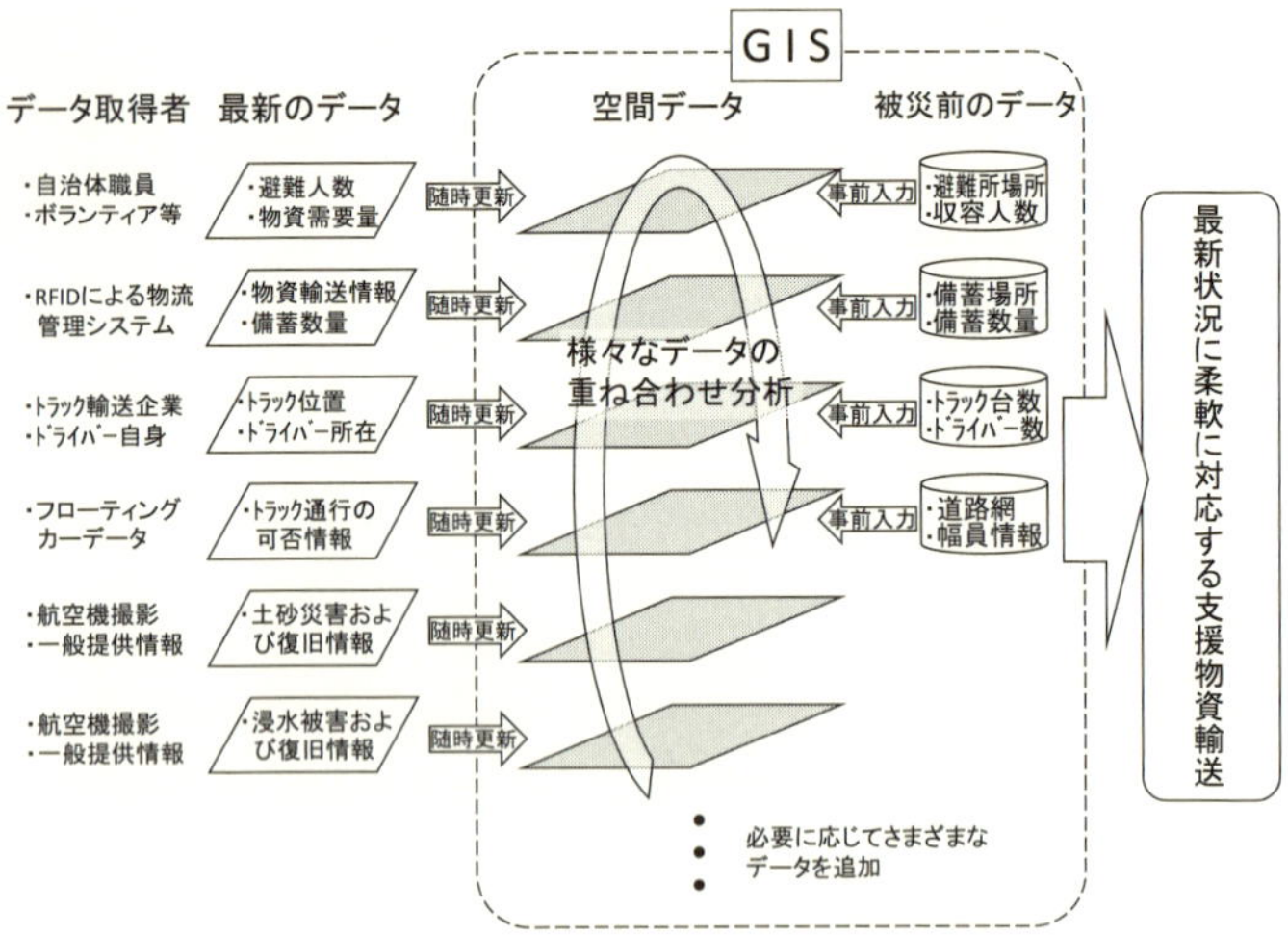

図５－９　被災時対応するためのダイナミックＧＩＳのイメージ

れている物資の種類と量、安全にトラックが通行できる道路、といったリアルタイムの情報が揃っていれば、図５－８のように、その時点での最適な物資輸送を明らかにすることができます。リアルタイムに更新される情報にもとづいて、その時々の状況に応じて瞬時に最適解を導き出す動的（ダイナミック）なＧＩＳといえます（図５－９）。

当然ながら、刻一刻と変化するそれらのリアルタイムの情報を正確に把握することは容易ではなく、最大の課題といえるでしょう。しかし、東日本大震災、熊本地震の際には、インターネット上で有志が避難所の避難者数をGoogle MapsなどのＷｅｂマップを作成し、情報が随時更新されていきました。もちろん、地元の自治体からも職員が避難所に派遣されて、最新の状況の把握が務められました。また、道路についても、通行の可否についての同様のＷｅｂマップや、ＧＰＳ搭載の自動車が走行した実績データをオンラインで収集してマップに示した「通れた道マップ」が活躍しました。すなわち、避難所や道路の情報を収集・発信する基礎的なシステムは成立しつつあるといえます。

物資拠点などに備蓄している救援物資の種類と量は、事前に把握することができますので、理論的にはどこに何をどれだけ輸送すればよいのか、明らかにすることができます。難しいのは、どの物資がどこにどれだけの量を運ばれ、物資拠点には何がどれだけ残っているのか、という情報の把握です。しかし、このようなリアルタイムでの情報管理も技術的には可能であり、大規模な物流・流通・製造企業などにはすでに導入されています。部品や商品がどこにどれだけあり、いつどこにどれだけ移動したか、という情報が電子的に管理されています。日本が世界に誇るＪＩＴ（ジャスト・イン・タイム）生産システムで培われた技術です。コンビニエンス・ストアなどのバーコードによる管理がなじみ深いですが、最近は数十メートルに及ぶ通信距離を有するＲＦＩＤ（Radio Frequency Identification）技術による物流管理もみられます。

このような技術を救援物資輸送に応用できれば、広域物資拠点からいつ何がどれだけ二次物資拠点に輸送され、それがさらにいつどの避難所に何がどれだけ輸送されたかを自動的かつ正確に管理し、物資不足を抑制することができます。ただし、広域震災を想定した広域的かつ膨大な物流となれば、かなりの数と規模の設備が必要となりますし、被災後の停電時にも稼働できる必要があるため、莫大なコストがかかることが予想されます。コストを度外視すれば、物資のユニットごとにＩＣタグを埋め込み、物資拠点や避難所には停電用の発電機を常備して、物資の所在を管理・送信することが理想です。救援物資輸送網の末端となる避難所までの輸送管理は困難かもしれませんが、せめて広域物資拠点や二次物資拠点における物資の出入りを管理することによっても、広範囲に及ぶ俯瞰的な救援物資輸送がかなり効率的におこなえるはずです。

救援物資について、「どれだけ（量）」の「何（種類）」が「どこ（場所）」に「どのような状態」であるのか、避難者にせよ、道路にせよ、物資にせよ、トラックにせよ、すべてを包括的に統合できるプラットフォームこそがＧＩＳといえます。すべての情報をＧＩＳに統合することにより、「どれだけ（量）」の「何（種類）」を「どこ（場所）」に「どのように（経路）」輸送すればよいのか、最適解を導出することができます。そして、リアルタイムに各情報を更新しつつ、状況に応じた最適解を柔軟に導出することが可能になるでしょう。

第6章

救援物資等調達・輸送の計画とＧＩＳの活用　和歌山県の事例

本章では、大規模災害が発生した際に救援物資を被災者へ輸送するための取り組みについて、和歌山県を事例として検討していきます。和歌山県は紀伊半島の南西部に位置し、和歌山市から最南端の潮岬を経て新宮に至るまでの長い海岸線を有する一方で、山地の面積も大きく、総面積のうち可住面積（林野面積と主要湖沼面積を差し引いた面積）は二三・二パーセントと限られています。人口規模は約一〇〇万人（二〇一〇年国勢調査）で、とくに、人口の約四割は和歌山市に集中し、山間地域の高齢者割合がきわめて高いことも特徴です。このような特徴を有する和歌山県では、二〇一四年一〇月に、津波から住民の命を救い、死者をゼロとする「津波から「逃げ切る！」支援対策プログラム」が策定されました。これは、津波避難困難地域の解消のための対策です。では、避難できたとして、その後の避難生活はどのように維持できるのでしょうか。

本書が着目した、被災後の救援物資の供給途絶によるダメージをいかに軽減し、物資輸送の体制をいかに強化するかについて、ここでは、実際の取り組み事例をみていきます。はじめに、二〇一四年三月に公表された「和歌山県地震被害想定調査報告書」にもとづいて、被害想定を確認します。次に、二〇一六年四月に公表された「和歌山県広域受援計画」のうち、災害発生時の救援物資等調達・輸送に関連する計画をみていきます。これらをふまえて、和歌山県で取り組まれてきた訓練や、近年注目されているＧＩＳ活用の事例を紹介します。最後に、救援物資等調達・輸送に対してＧＩＳの貢献の可能性について述べます。

南海トラフ巨大地震の被害想定

和歌山県は、南海トラフ巨大地震の地震被害および津波浸水被害想定を実施するにあたって、地震・津波防災対策の専門家から科学的知見にもとづいた助言を得るために、二〇一二年四月に和歌山県地震・津波被害想定検討委員会を設置しました。以下では、二〇一四年三月に和歌山県より公表された地震被害想定にもとづき、南海トラフ巨大地震による震度、建物被害、人的被害などの想定を確認します。

ここで紹介する被害予測に用いられた条件設定は次のとおりです。震源域が静岡県から宮崎県におよぶマグニチュード九・一の地震で、内閣府が二〇一二年に示した複数のモデルのうち、和歌山県に最も広く大きな被害をおよぼす可能性の高い、陸側ケース（地震）・ケース三（津波）という設定です。被害想定は、地震がいつ発生するかで被害の様相が変わるため、季節、時刻、風速を複数設定し、四つのケースが設けられており、津波からの避難行動についても、三ケース設けられています（中央防災会議防災対策推進検討会議南海トラフ巨大地震対策検討ワーキンググループ 2012, 2013）。

南海トラフ巨大地震による震度予測（図６－１ａ）は、震度五強～七と全県的に大きな揺れとなり、とくに地盤の弱い沿岸平野部での大きな揺れが予測されています。建物被害（図６－１ｂ）については、冬の夕方一八時、風速八メートルのケースで予測結果が示されており、津波浸水が著しい地域ではその影響が大きく、沿岸平野部を中心に被害が広がると予測されています。また、火災による消失は、消防による消火活動の違いや市街地の延焼特性などを反映する結果となっています。全壊棟数では、人口規模の大きい和歌山市（五万五二〇〇棟）、田辺市（二万二三〇〇棟）、海南市（一万一七〇〇棟）が上位を占め、全壊率でみると、美浜町（七七パーセント）、串本町（七四パーセント）、太地町（六七パーセント）と紀中・紀南地域の三町が上位を占めます。人的被害の予測は、最も避難が遅い場合として、建物被害と同様、冬の夕方一八時、風速八メートルのケースが想定されています。人的被害が最も多い市町村は、死者数（図６－１ｃ）では上位から和歌山市（一万八一〇〇人）、田辺市（一万五六〇〇人）、那智勝浦町（二万一七〇〇人）の順で、死者率でみると、太地町（七四パーセント）、那智勝浦町（七三パーセント）、美浜町（四八パーセント）と報告されています。避難者については、実数では、和歌山市（二二万七九〇〇人）、田辺市（四万七一〇〇人）、海南市（二万六一〇〇人）、避難者率では美浜町（七八パーセント）、御坊市（七七パーセント）、湯浅町（七六パーセント）と予測されています。

最後に、南海トラフ巨大地震による道路施設被害予測を確認しておきます。市町村道を含む道路の位置情報を反映させたうえで、東日本大震災の実績値より、震度ごとの被害率、津波浸水深ごとの被害率を設定し、道路被害が予測されました。津波による被害については、津波浸

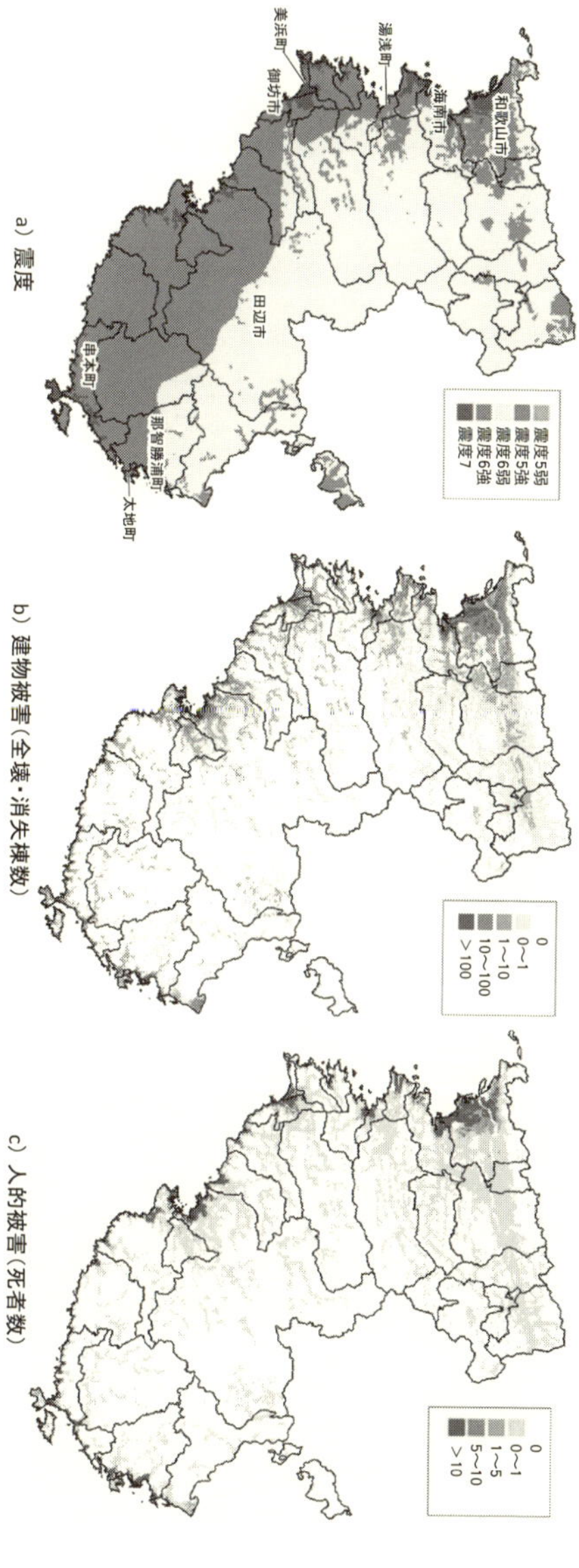

図６－１　南海トラフ巨大地震による被害想定

出典：和歌山県（2014）より抜粋、一部地名を挿入。

表６−１　南海トラフ巨大地震による道路施設被害予測結果

市町村	対象道路（km）	揺れの大きな区間（km）			地震被害箇所数	津波被害箇所数	津波浸水深30cm 以上の区間	
		震度７	震度６強	震度６弱			km	%
和歌山県	**3021**	**187**	**1696**	**1127**	**230**	**316**	**469**	**15.5**
和歌山市	294	41	240	13	22	20	103	35.0
海南市	115	1	77	37	10	12	21	18.3
海草郡 紀美野町	85	0	1	84	6	0	0	0.0
紀の川市	144	0	44	100	11	0	0	0.0
岩出市	41	0	28	14	4	0	0	0.0
橋本市	92	0	5	82	8	0	0	0.0
伊都郡 かつらぎ町	132	0	7	123	10	0	0	0.0
伊都郡 九度山町	28	0	2	26	2	0	0	0.0
伊都郡 高野町	74	0	0	70	5	0	0	0.0
有田市	36	18	16	2	3	4	15	41.7
有田郡 湯浅町	13	0	13	1	1	4	8	61.5
有田郡 広川町	42	0	37	5	4	7	11	26.2
有田郡 有田川町	219	0	60	160	18	0	0	0.0
御坊市	54	27	27	0	3	23	34	63.0
日高郡 美浜町	15	11	3	0	0	9	13	86.7
日高郡 日高町	43	13	30	0	3	7	13	30.2
日高郡 由良町	39	6	32	0	2	12	19	48.7
日高郡 印南町	96	0	86	9	8	23	18	18.8
日高郡 みなべ町	79	7	64	8	6	12	15	19.0
日高郡 日高川町	156	0	88	68	13	0	0	0.0
田辺市	482	13	285	184	36	29	38	7.9
西牟婁郡 白浜町	127	15	112	0	9	35	45	35.4
西牟婁郡 上富田町	43	3	40	0	4	0	0	0.0
西牟婁郡 すさみ町	97	1	96	0	6	30	20	20.6
新宮市	129	0	52	78	14	3	6	4.7
東牟婁郡 那智勝浦町	120	0	74	46	7	27	33	27.5
東牟婁郡 太地町	9	0	9	0	0	5	6	66.7
東牟婁郡 古座川町	116	1	102	12	8	1	4	3.4
東牟婁郡 北山村	16	0	11	5	3	0	0	0.0
東牟婁郡 串本町	85	30	55	0	4	53	47	55.3

出典：和歌山県（2014）をもとに一部改変。

水深三〇センチメートル以上で推計されています。県内の約一万三〇〇〇キロメートルの被害を予測したところ、地震による被害箇所数は全県で約九〇〇ヵ所、津波による被害箇所数は約一二〇〇ヵ所と推計されました。また、高速道路、直轄国道、補助国道、県道、主要な市道（和歌山市）を対象道路とした場合、地震被害箇所数は県全体で約二三〇ヵ所、津波による被害箇所数は約三一六ヵ所と想定されています（表6－1）。

救援物資等調達・輸送の計画とＧＩＳによる視覚化

（一）政策の経緯

救援物資等調達・輸送にかかる計画策定の経緯をたどります。大規模災害の発生時に、速やかに関係機関の応援を受け入れ、効率的・効果的な応急対策を実施し、広域防災拠点を中心とした受援体制や運営方法をあらかじめ確立することを目指して、さまざまな計画が策定されました。まず国は、二〇〇六年四月に、「東南海・南海地震応急対策活動要領」、二〇〇七年三月に「東南海・南海地震応急対策活動要領に基づく具体的な活動内容に係る計画」を策定しました。これを受けて和歌山県では、二〇〇八年三月に「和歌山県広域防災拠点基本構想」、二〇〇九年三月に「和歌山県広域防災拠点基本計画」、二〇一二年四月に「和歌山県広域防災拠点受援計画」を策定しました。さらに二〇一五年三月に国は、新たに南海トラフ地震を想定し「南海トラフ地震における具体的な活動内容に関する計画」を策定しました。県もこれにあわせて整理、改訂し、二〇一六年四月に「和歌山県広域防災拠点受援計画」を「和歌山県広域受援計画」として、国の具体計画に対応した救助・救急、消火活動等、医療活動、物資調達、燃料調達の各活動の県側の受け入れについて可能な限り具体的に計画しています。

(二) 和歌山県における救援物資等調達・輸送の計画

第4章では高知県における同様の計画が紹介されましたが、ここでは和歌山県の具体的な内容を、ＧＩＳを用いて視覚化していきます。まず、国の応援および広域防災拠点における受援体制に関して、発災時からの経過時間に応じた物資に関するタイムラインを確認します（図6-2）。このタイムラインに定めた内容は、県、国および複数の防災関係機関が人命救助のための重要な七二時間を意識し、救助・救急、消火活動など、医療活動、物資供給などの活動を整合的かつ調和的におこなうための目安です。発災直後から六時間以内では、施設の被害確認

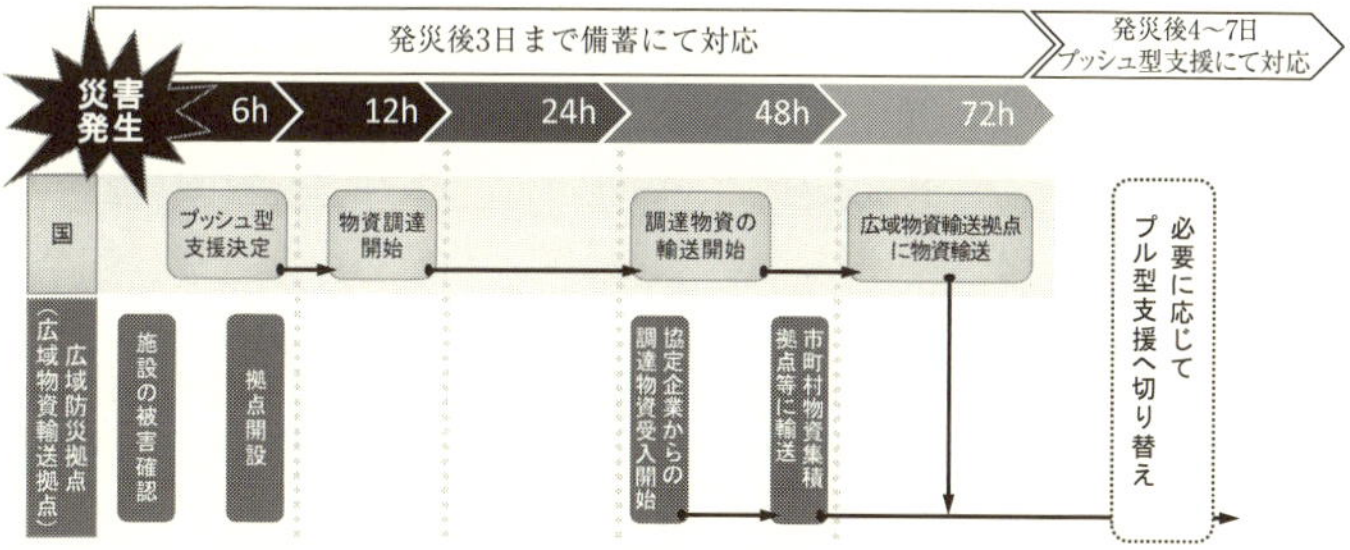

図６－２　物資に関する国の応援活動と広域防災拠点における受援体制のタイムライン

出典：和歌山県（2016）をもとに一部改変。

と拠点開設をおこなうと同時に、国はプッシュ型支援（四日目以降の物資）を決定します。次に、一二時間以内の間に県災害対策本部と支援内容（数量、輸送先など）を調整し、物資調達が開始されます。発災後二四時間から四八時間の間には、広域防災拠点は協定企業からの調達物資受け入れを開始し、市町村物資集積拠点などへ輸送します。国も調達物資の輸送を開始し、四八時間以降には順次、広域防災拠点に物資が輸送されることとなっています。

　救援物資などの調達についての基本的な考え方を確認しておきます。南海トラフ巨大地震発生時には、県、市町村、および家庭などで備蓄している物資が数日で枯渇することが想定されます。そのため、県災対本部は、広域物資輸送拠点などの開設をおこない、国、協定企業などから緊急に必要な物資を調達し、迅速に被災市町村に供給することになっています。基本的には、発災後三日間は、住民、市町村、県の備蓄物資で対応することが想定されています。市町村災対本部は、物資が不足している住民に対して備蓄物資を提供し、県災対本部は、物資が不足している市町村に対して備蓄物資を提供し、流通物資については協定企業に供給を要請していきます。とくに、飲料水については、孤立集落など陸路による輸送が困難な場合には、県災対本部は、国の現地本部などに対して輸送手段の確保を要請します。発災後四日目から七日目までは、県災対本部の要請にもとづかない国からのプッシュ型支援により供給がおこなわれ、県災対本部は、できる限り早期に具体的な物資の必要量を把握し、必要に応じてプル型支援に切り替えます。備蓄物資、飲料水、国によるプッシュ型支援の対応が困難な場合や不足する場合、さらに発災後八日目以降の物資については、関西広域連合や他の都道府県、民間企業との協定にもとづき緊急物資の調達をおこなうこととしています。

では、物資調達・輸送を支えるルートの確保についてみていきましょう。南海トラフ巨大地震が発生した場合には、被害が甚大な被災地へ到達するためのアクセス確保がすべての災害応急対策活動の基礎となります。発生直後から、全国からの人員・物資・燃料の輸送が迅速かつ円滑におこなわれることが重要です。国の具体計画においては、あらかじめ通行を確保すべき道路を緊急輸送ルートとして定めています。県内の緊急輸送ルートは、和歌山県地域防災計画で定める緊急輸送道路を基に、被害が甚大な区域および防災拠点に到達するための最低限のルートとして選定されています。県災対本部は、道路管理者等関係機関と連携し、発災後、緊急輸送ルートとして定められた道路に対して、通行可否情報の共有、必要に応じた啓開活動・応急復旧、通行規制など、通行の確保のための活動を最優先で実施するものとしています。

次に、救援物資などの調達・輸送の拠点配置を確認します。各拠点の位置づけと機能を表6－2に整理しました。和歌山県では、広域物資輸送拠点を四ヵ所配置し、県内を四地域にゾーニングする案を決定しました。市町村による物資集積拠点は、候補地として七七ヵ所、民間物資拠点は一六ヵ所が想定されています。民間物資拠点とは、広域物資拠点だけでは対応できないなどの場合に、広域物資輸送拠点の補完機能として和歌山県倉庫協会が選定する民間倉庫を使用するものです。図6－3は、緊急輸送道路、広域物資輸送拠点、物資集積拠点、民間物資拠点を地図化したものです。

大規模災害時に、和歌山県は国からの支援として、最大一万一二九〇人の自衛隊や消防の派遣部隊と、食料約四一〇万食、毛布二万九〇〇〇枚、おむつ約六万一〇〇〇枚、簡易トイレ約一〇〇〇基の支援物資を受け入れる計画となっています。広域物資輸送拠点は、これらを受け入れ、仕分けし、物資が不足している市町村へ搬出する役割を担います。県全体を統括するの

表６－２　防災拠点および物資輸送拠点の分類

	拠点	機能
物資	広域物資輸送拠点	国が調整して調達する物資を都道府県が受け入れ、これを各市町村が設置する地域内輸送拠点（物資集積拠点）に向けて送り出すための拠点であって、都道府県が設置するもの
	物資集積拠点	広域物資拠点からの輸送を受け入れ、これを避難所に向けて送り出すための拠点であって、市町村が開設するもの
	民間物資拠点	広域物資輸送拠点だけでは対応できない場合の補完機能として、和歌山県倉庫協会が選定した拠点
防災	広域進出拠点	災害発生直後、直ちに広域応援部隊が被災地方面に向かって移動する際の一時的な目標となる拠点であって、各施設管理者の協力にて設定するもの
	進出拠点	広域応援部隊が応援を受ける都道府県に向かって移動する際の目標となる拠点であって、各施設管理者の協力にて設定するもの
	航空搬送拠点	広域医療搬送をおこなう大型回転翼機が離発着可能な拠点であり、広域搬送拠点臨時医療施設が設置可能なもの
	航空機用救助活動拠点	救助活動拠点のうち、災害応急対策に活用する航空機が駐機、給油できる拠点、または甚大な津波被害が想定される地域にて、大規模な空からの救助活動のために活用することが想定されるもの
	海上輸送拠点	人員、物資、燃料、資機材等を海上輸送するために想定する港湾であって、耐震性及び機能性が高いもの
	救助活動拠点	各部隊が被災地において部隊の指揮、宿営、資機材集積、燃料補給等を行う拠点として、都道府県および市町村があらかじめ想定し、発災後には速やかに確保すべきもの

図６－３　緊急輸送道路と各拠点配置

は、第一拠点である県立和歌山ビッグホエールです。第二拠点の田辺スポーツパークは、紀南地方の支援をはじめ、航空輸送基地として後方支援もおこない、物資の保管や仕分け、災害対策本部との連絡機能が期待されています。第三拠点の新宮市立佐野体育館は、ヘリポートを備えた三重県熊野市の東紀州防災拠点とも協力して、長期かつ多数予想される孤立地域を支援します。第四拠点の県立橋本体育館は、県外からの陸上輸送を後方支援します。二〇一五年三月の中央防災会議幹事会による「南海トラフ地震における具体的な応急対策活動に関する計画」で想定された、四拠点における物資配分先市町村の避難者数（一日あたり

表６－３　和歌山県における広域物資輸送拠点の機能

拠点名	機能	敷地面積（m²）	物資配分先市町村の避難者数（１日あたりの最大値）
第１拠点 県立和歌山ビッグホエール	県全体の統括	55,562	117,534
第２拠点 田辺スポーツパーク	紀南地方の後方支援 航空輸送基地として後方支援 災害対策本部との連絡	7,600	54,679
第３拠点 新宮市立佐野体育館	東紀州防災拠点との連携 孤立地域の支援	1,660	18,385
第４拠点 県立橋本体育館	県外からの陸上輸送の後方支援	14,000	93,740

出典：中央防災会議幹事会（2015）にもとづき作成。

の最大値）は、表６－３のとおりです。

市町村の物資集積拠点は、計画に記載されている候補地一覧にもとづいて地図化しました。立地条件として、津波浸水想定区域外であることと、緊急輸送道路上もしくはその近傍に位置し、災害時における陸路アクセスが確保できることとしています。拠点の配置を確認すると、拠点そのものは先ほどの立地条件を満たしているものの、周辺の緊急輸送道路が津波浸水想定域と重なっている箇所が散見され、実効性については丁寧に検証していく必要があると思われます。

策定された計画には、緊急輸送ルート図や緊急輸送道路ネットワーク図が別図として付いていますが、これらの図に被害想定は反映されて

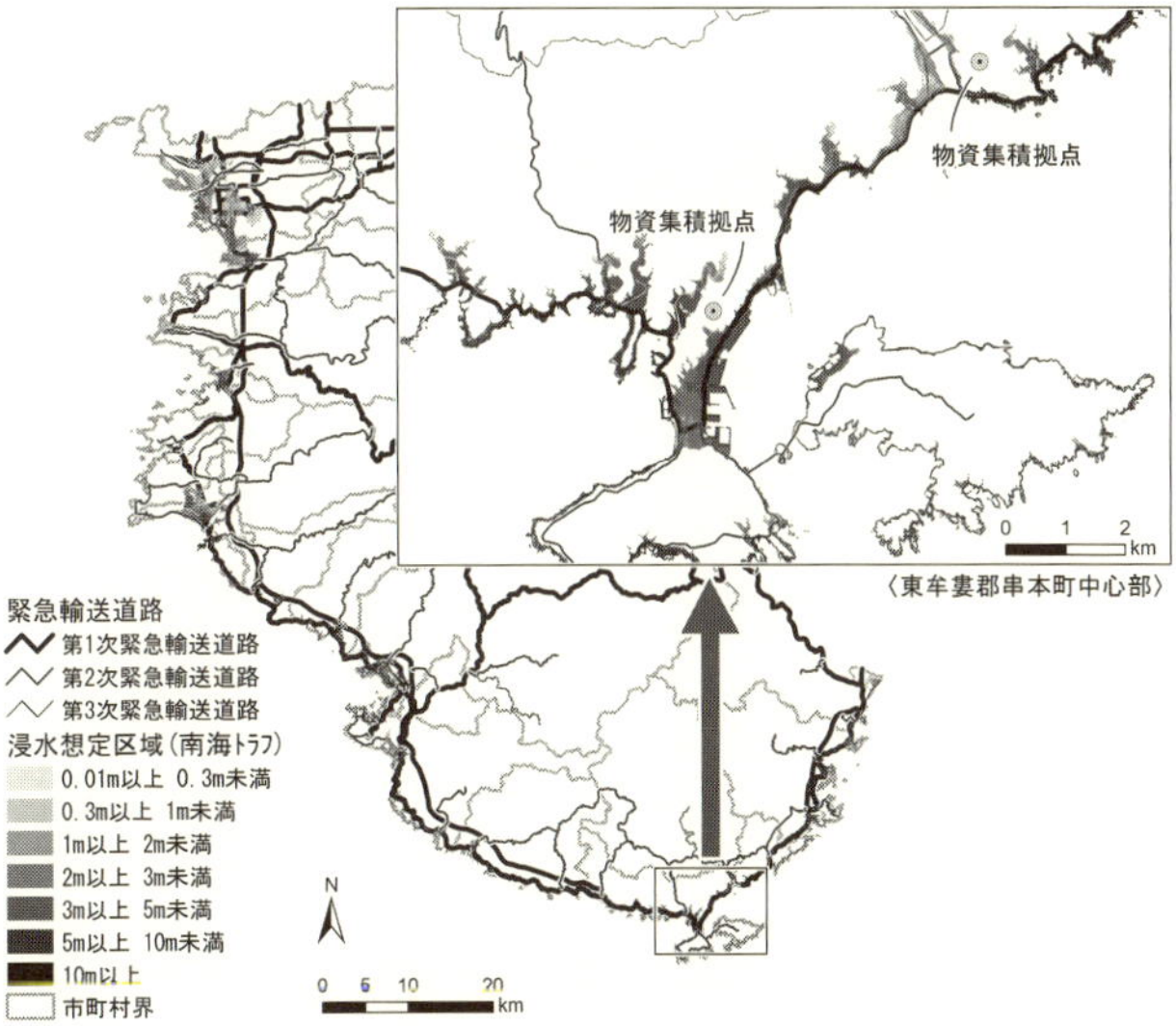

図６－４　緊急輸送道路と南海トラフ巨大地震による津波浸水被害想定

いません。そこで、公開されている南海トラフ巨大地震発生時の津波浸水被害想定を用いて、ＧＩＳ上でデータを重ね合わせた地図を作成しました（図６－４）。和歌山県では高速道路の建設が進められてはいるものの、紀伊半島南部はまだ高速道路で連結されておらず、これら地域への物資は、一般道を利用して展開されることになります。実際、和歌山県では国道四二号線が第一次緊急輸送道路に指定されていますが、海岸に沿っており、津波の被害を受けることもまた想定されています。海岸段丘上のルートには問題がなくとも、集落の立地する河口などでは、海抜が低いため津波の影響を受けやすく、被災した橋梁が崩落すれば輸送路は遮断されてしまいます。また、ルート上の一ヵ所でも遮断されれば、物資輸送のうえでは大きな障害となり、複数箇所で遮断されれば、これら緊急輸送道路を使った救援物資輸送は機能不全に陥るでしょう。例えば、高速道路がまだ通っていない県最南端の串本町をみると、第一次緊急輸送道路である国道四二号線の複数の箇所で、津波浸水深五メートル以上と重なっていることがわかります。串本町は、中心部をはじめとして沿岸地域の多くが浸水区域と想定されており、緊急輸送道路および緊急輸送道路にいたる生活道路などの整備・確保は喫緊の課題となっています。

物資輸送の手段は陸路を原則としていますが、必要に応じて海路、空路による輸送もおこないます。海路により輸送する場合は、広域物資輸送拠点へ搬入することを原則とし、和歌山下津港（和歌山市）、文里港（田辺市）、新宮港（新宮市）が発着場所として挙げられています。空路輸送の場合は、各広域防災拠点のへリポートは、すべて大型へリの離着陸が可能な広さ（おおむね一〇〇メートル×一〇〇メートル）を有しており、孤立集落への輸送をおこなう場合は小型へリとし、おおむね二〇メートル×二〇メートルの広さを有するへリポートを選定することとなっています。

最後に、これら陸・海・空による物資輸送のイメージを図解しておきます（図6－5）。物

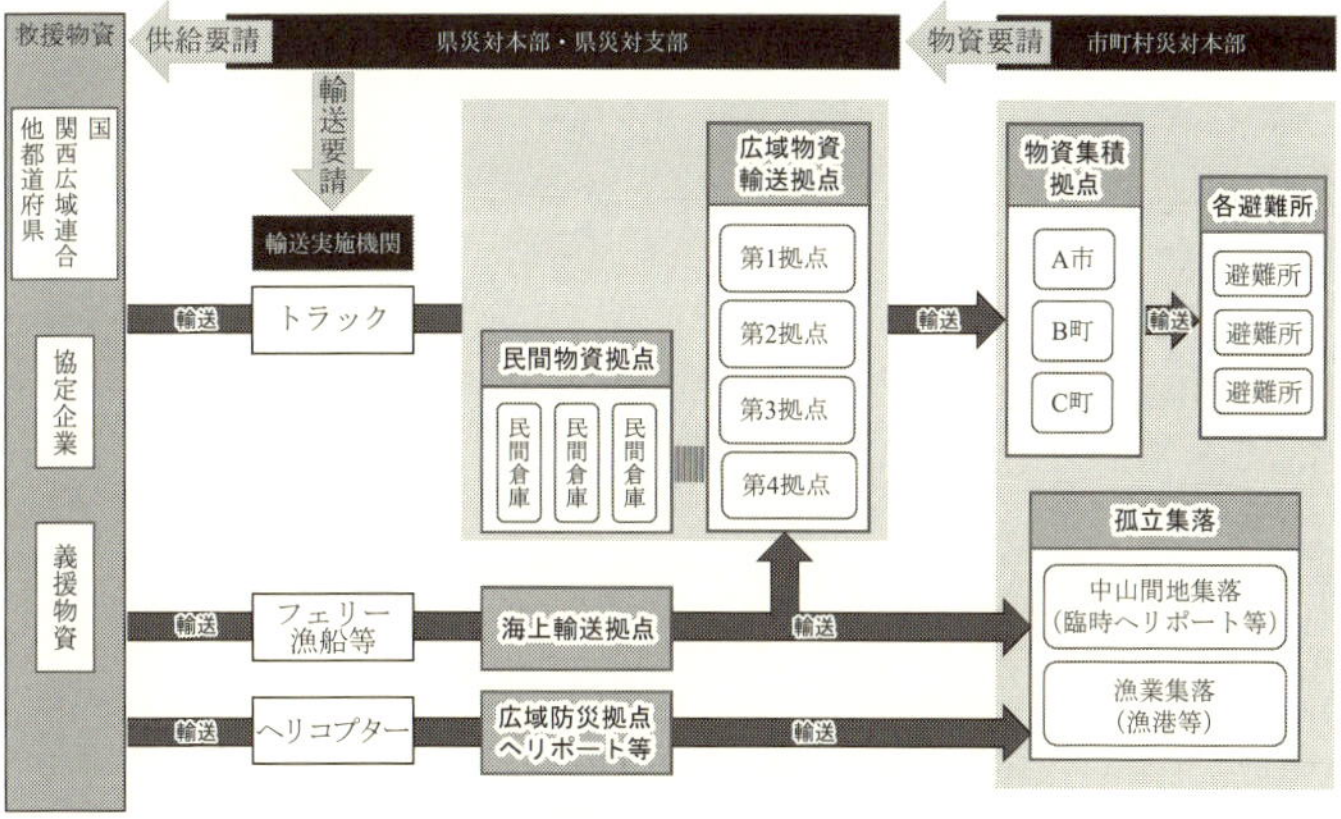

図６－５　救援物資調達・輸送の概要

出典：和歌山県（2016）をもとに一部改変

資を要請し、輸送着手、進行管理をおこなう主体は、輸送実施機関、県災対本部・支部、市町村災対本部の三つです。陸路の場合は、トラックにより広域物資輸送拠点を経て各市町村の物資集積拠点から各避難所へというフローとなります。海路の場合は、海上輸送拠点を一旦経由してそのあとは陸路と同様です。空路の場合は、広域防災拠点で小型ヘリに積み替えて中山間地集落の臨時ヘリポートなどを利用して孤立集落へと輸送されるフローになっています。実際の輸送に際しては、あらかじめ協定を結んでいる倉庫協会や民間企業が、業務で培ったノウハウを生かして助言をおこなうなどの協力体制を構築しています。

物資輸送の計画と訓練による態勢強化

今般の熊本地震の際にはプッシュ型支援が実施されましたが、避難所まで十分な物資の配分ができなかったことが、いわゆるラストワンマイル問題として取り上げられました。被災地が限定された熊本の場合でも、救援物資輸送において少なからぬ問題が発生しました。広域災害の場合には、さらに大きな混乱が発生することが懸念されます。こうした問題を軽減するためにも、平常時において物資集積拠点と避難所群の効果的な配送体制を設計しておかなければなりません。また、実際にその設計に問題がないかを検証する機会が必要となります。

和歌山県では、東日本大震災の被災地で、救援物資の受け入れや搬出の作業に混乱がみられたことを教訓に、二〇一三年二月六日に初めて関係機関との連携強化を図る訓練がおこなわれました。この訓練には、災害時に救援物資の提供や輸送、仕分けなどで協力する協定を県と結んでいるトラック協会、倉庫協会、民間企業も参加しています。訓練内容は、広域防災拠点の開設、無線機を使って県庁の災害対策本部との情報伝達、トラックで運び込まれた救援物資の数量チェック、フォークリフトでの物資の移動、搬出市町村ごとの仕分け、物資のトラックへの積み込み、搬出などです。救援物資管理システムと無線で情報を受けながら、物資の受け入れ・搬出計画と実際とのずれの確認、修正の指示、協力企業・団体との調整など、また、予定になかった物資搬入などの臨機応変な対応も訓練しています。

二〇一六年七月三日には、田辺市、白浜町、串本町など紀南地方を中心に、関係四一機関約一〇〇〇人が参加し、救援ルートの確保、情報伝達、物資輸送、臨時医療施設の開設運営、負傷者救助の連携強化を目的とした実践訓練がおこなわれました。すさみ町周参見にある紀勢自動車道のすさみ防災基地では、早朝に県南方沖を震源にマグニチュード八・七の地震が発生し、県内で震度五強～七の強い揺れを観測したと想定し、陸路に関しては、簡易構造の緊急仮設橋を組み立てたり、放置車両や瓦礫を撤去し進路を確保するなどがおこなわれました。海路については、救援物資を巡視船「みなべ」（三五〇トン）が白浜沖まで運ぶも、着岸できる岸壁がなく、漁船に物資を積み替えて搬送するというプロセスが確認されました。

このほかに、民間企業による社会貢献活動としての訓練も実施されました。二〇一三年九月一三日に日清医療食品株式会社は、ヘリコプターを使って被災地に向けた食材物資の緊急輸送訓練をおこないました。日清医療食品株式会社は当時、平常時において和歌山県下の二〇院に食事サービスを提供しており、地震により土砂崩れや崩落が起こり、陸路が分断されてしまった場合でも、空路で食料を搬送する体制を構築し、有事にも正常に機能することが求められています。訓練は、電気・水道・ガスのすべてのライフラインが寸断し、津波・土砂崩れ・崩落などの影響で陸路も一部断たれている状況を想定し、東京へリポートからヘリが出発、大阪府高槻市の支援物資備蓄倉庫で物資を積み込み、和歌山県田辺市にある社会保険紀南病院へ搬送し、ここからさらにトラックに移して被害が甚大と想定される海岸地区にある特定医療法人洗心会玉置病院へ運ぶという内容で実践されました。

以上のように、救援物資等調達・輸送に関して、和歌山県は陸・空・海のそれぞれのルートについての計画やマニュアルの対応が有事においても活用できるのか、設定状況を変えて繰り返しおこない、連携や体制の強化に務めています。具体的な場面を想定した実践訓練では、臨機応変な対応についても訓練をしており、このような取り組みを継続して災害に強い態勢構築を目指しています。

ＧＩＳの活用と課題

（一）ＧＩＳの活用

和歌山県では、「和歌山県オープンデータの推進に関する指針」にもとづき、和歌山県ホームページにおける公開情報のデータを整理し、オープンライセンスで提供しています。二〇一六年一〇月からは、指針で定める重点項目四分野（統計情報、広報・観光情報、調達情報、地理空間情報）のデータについて、よりコンピュータ処理しやすい形で定期的に「GitHub」で提供する取り組みも開始しました。重点四項目の一つとして地理空間情報が含まれていますが、まだ緒についたばかりで、防災・減災に関する公開情報は津波浸水想定図（南海トラフ、東海・東南海・南海三連動地震）と道路規制情報に限られているのが現状です。今後もオープンデータに関する取り組みが推進され、より多くの利用者が有用な情報を活用できるようになることが期待されています。

近年は、自治体によるＷｅｂＧＩＳの活用が増えてきていますが、和歌山県でも「和歌山県地理情報システム」で、地域情報や行政情報が公開・提供されています。津波浸水想定図、道路規制情報、福祉避難所等、各種マップを一覧から選択できるようになっています。しかしこのウェブサイトでは、一つ一つの情報（地図）を単体で閲覧するのみで、複数の情報を重ね合わせるオーバーレイの機能がありません。第5章でＧＩＳの分析機能の一つとして「重ね合わせ（＝オーバーレイ）」が紹介されましたが、自治体によるＷｅｂＧＩＳの活用では、必ずしもこの機能が備わっているわけではありません。

和歌山県には、「和歌山県地理情報システム」に加えて、防災に特化したＧＩＳ活用の取り組みがあります。災害に対する事前の備えや実際の避難に役立てることを目的として、和歌山県における防災情報を、インターネットを通じて発信するポータルサイト「防災わかやま」を公開しています。そのなかで、ハザードマップや避難所などを電子地図上でわかりやすくみることができる「わかやま防災ＧＩＳ」を公開・提供しています（図6－6）。地理院地図、航空写真、Google Maps を背景地図として、表示させることのできる情報は何層ものレイヤ構造になっています。情報は大きく二種類に整理されています。第一は、基礎情報です。平常時から把握できるインフラや施設の整備・配置に関する情報と、事前に想定した災害時の情報です。具体的には、道路網、河川、避難場所、医療施設、洪水や津波による浸水想定、土砂災害

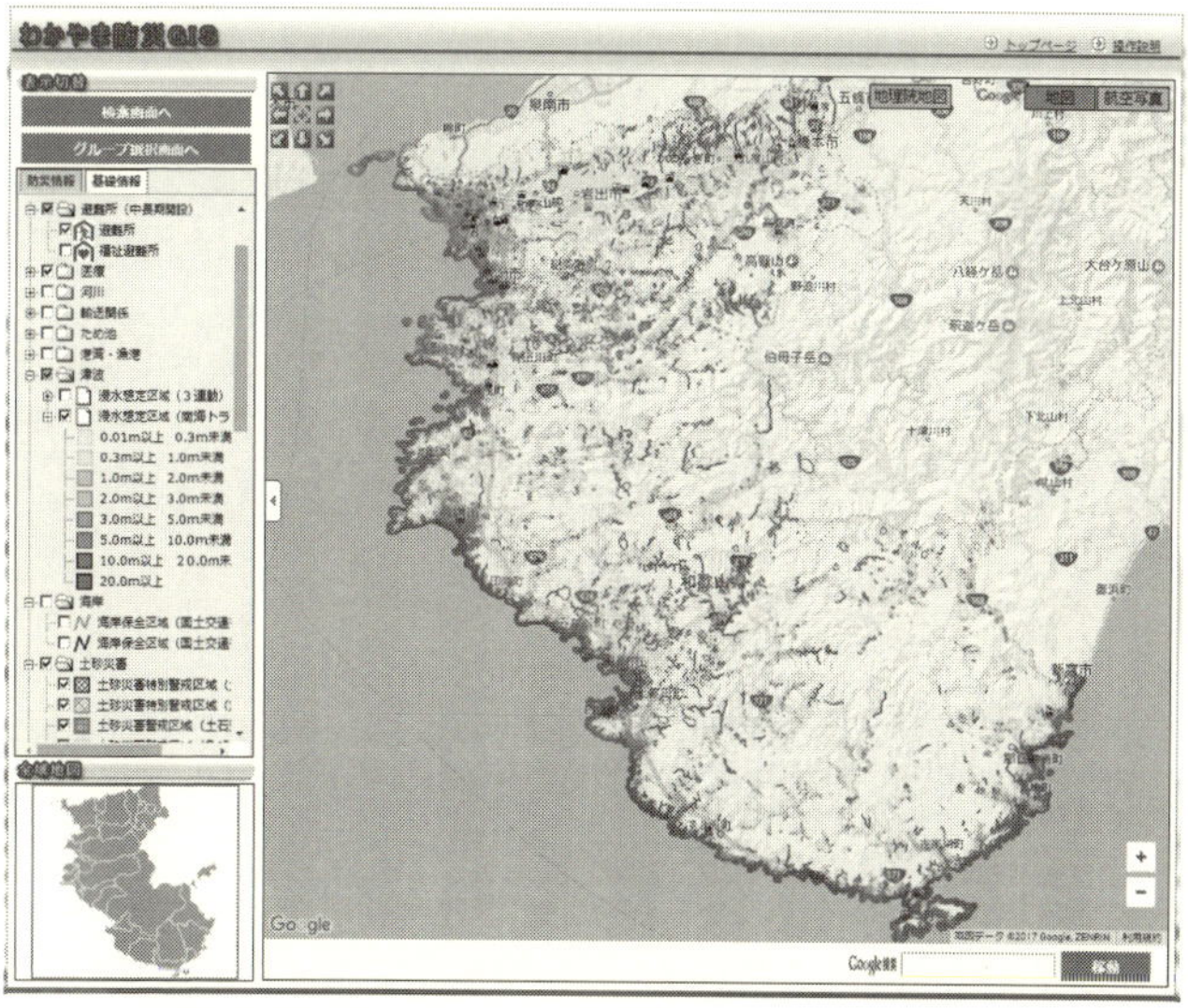

図６－６　ウェブサイト「わかやま防災ＧＩＳ」の画面

出典：和歌山県（2017）

警戒区域などです。ここに挙げた各種災害に関する想定は、それぞれの想定した条件のもとで作成され、事前にシミュレーションしたデータにもとづいた静的な情報と位置づけられます。これらはハザードマップと呼ばれるもので、近年、多くの自治体がウェブサイトで公開するようになりました。こうした静的な情報に加えて、第二の情報として防災情報も公開する仕組みになっています。雨量、河川水位、潮位などの観測情報、通行規制状況、医療救護所や避難所の開設／閉設状況、避難勧告・警戒発令区域、災害概況速報（第四号様式）などです。これらは動的な情報に位置づけられます。平常時はこれら防災情報を確認することはできませんが、和歌山県または県内各市町村に災害対策本部又は水防本部などが設置された場合に、防災関係機関が収集・登録した情報を速報として表示することになっています。

いずれの情報も、利用者はチェックボックスで表示／非表示を簡単に切り替えることができ、重ね合わせて表示させることができます。地図の縮尺についても、県全体から建物一軒一軒の形状がわかるまでさまざまに表示でき、ドラッグで表示範囲を自由に移動させることもできます。操作性が非常に高く、インターネットやスマートフォンのアプリケーションで普段から電子地図にふれている人であれば、十分になじめる仕様になっているのが特徴的です。

(二)　ＧＩＳ活用のさらなる可能性

防災や災害時のＧＩＳの活用については、防災マップの作成や避難ルートのシミュレーションにおいて有効性を発揮してきました。ここでは、これまでの成果の一例を紹介し、和歌山県のＧＩＳ活用における課題を検討します。「救助・救急、消火など」のステージでは、活動主体は中央、都道府県、市区町村の政治・行政セクターやＤＭＡＴをはじめとする医療関係者が主となり、当該部門ではロジスティックチームを有し、以前より災害時のロジスティクスの強化・向上に努めてきました。広域災害救急医療情報システム（ＥＭＩＳ）はその例です。一方、本書が着目する「救援活動、物資輸送」のステージでは、政治・行政セクターや市場セクターに加え、ボランティアや非営利組織をはじめとする「サードセクター」も現出します（菅野2015）。さまざまな主体がより有機的かつ効率的に活動するためには、プッシュ型・プル型とともに、各活動主体のコミュニケーションを通じて情報の錯綜を最小限にすることが重要となります。

東日本大震災では、こうした組織間の連携を確実にし、効果的な災害対応を進めるために「東北地方太平洋沖地震緊急地図作成チーム Emergency Mapping Team」が結成され、内閣府防災担当の協力を得て地図作成活動を開始した実例があります。当該プロジェクトは、これまで二〇〇七年の新潟県中越沖地震において、新潟県災害対策本部内に地図作成班を構築し、活動をおこなった実績もあります（浦川ほか 2008）。そこでは、①各防災関係機関から提供されている各種情報を同一基図上での地図情報として提供する、②各防災機関などが復旧対策等を検討するために必要とする情報地図を作成する、さらに③それらの地図情報の「マッシュアップ」による意思決定支援を目標として、賛同する諸機関・有志のボランティア的協力によりおこなう、などの取り組みが展開され、多様な機関の枠を越えた協力体制が構築されました。

　では、これらのＧＩＳ活用の成果に照らし合わせて、「わかやま防災ＧＩＳ」について検討します。当該ウェブサイトでは、静的情報に加えて動的情報を、オーバーレイの機能を使って情報共有できる仕組みが特徴的であると述べました。その点においては、ＷｅｂＧＩＳの活用の成果が期待できますが、一方で、留意すべき点もあります。それは、和歌山県または県内各市町村に災害対策本部または水防本部などが設置された場合に、防災関係機関が収集・登録した情報を速報として表示しているという点です。つまり、情報発信源が限定的であるということ、そして、その情報の流れはウェブサイトの運営管理者から利用者へ一方向であるということが課題として指摘できます。国土交通省が地方公共団体向けに発信している地理空間情報に関するガイドブックでは、「公開型ＧＩＳ」と「参加型ＧＩＳ」という用語が使われています。これにしたがえば、情報を重ね合わせて地図による表現がなされている和歌山県の事例は前者に位置づけられます。では、後者の「参加型ＧＩＳ」とはどのようなものを指すのでしょうか。

　近年、情報通信技術やインターネットの普及にともなう情報化社会の形成を背景に、Ｗｅｂを用いることの重要性が増しており、より広範な参加機会を実現するだけでなく、Ｗｅｂなどを通じてインタラクティブ性をもつことが期待されています（瀬戸 2010）。つまり、情報の双方向性への期待です。参加型ＧＩＳは、大量の地理空間情報を統合・整理して表現するという側面のみならず、Ｗｅｂにアクセスすることで、いつでも参加できる点や、一人一人の参加者がインタラクティブに操作できる点において、より活用の可能性が大きくなりました。国土交通省の「震災・大規模災害対応における地理空間情報／ＧＩＳの利活用マニュアル」においても、広域の情報を適切に把握・整理したうえで、優先順位の決定、意思決定、指示を行うためのツールとしてＧＩＳを見据えています。この文脈においては、和歌山県のＧＩＳ活用はまだ発展の可能性が残されているといえるでしょう。

本章では、情報の視覚化、被害想定のシミュレーション、情報発信のポータルとしてのＧＩＳ活用事例をみてきました。ＧＩＳはさらに、実際に災害発生時のコミュニケーションツールとしても、復旧・復興における情報共有のプラットフォームとしても有効性を発揮するポテンシャルを有しています。これらの技術は自然地理学、人文地理学にかかわらず分野を横断して統合させる役割を果たし、地域の総合科学としての貢献につながるものと考えています。

おわりに

　どのようにしたら災害の被災地に遅滞なく必要な量の救援物資を届けることができるのか、そのための態勢をどのように整えればよいのかという研究は始まったばかりです。

　大規模な災害が発生した場合、被災状況が伝えられようが伝えられなかろうが、私たちは救援活動に着手しなければなりません。それが大規模で甚大であるほど、正確な被災状況が即座に伝えられることは難しく、救援の必要性は高まるからです。その際、何ができるでしょうか。やみくもに、大騒ぎしたところで得にはなりません。冷静にいきましょう。まずは災害の原因となる自然現象を正確に観測・把握し、そのうえで輸送ルートの耐性を正しく評価することだと考えます。これについては自然地理学者の貢献の余地が大きいことを示しました。あわせて被災地の需要を正しく評価することです。被災地の集落形態や人口構成、これについては人文地理学者や経済地理学者の貢献の余地の大きいことを示しました。以上をふまえて、初めて適切な物資輸送のオペレーションが実現します。具体的には輸送ルートの啓開と救援部隊の進出です。そのオペレーションにあたってはＧＩＳが威力を発揮することを示しました。

本書で取り組んできた救援物資輸送の研究は大規模自然災害に限ったことではありません。メルトダウンが起こっても、ミサイルが飛んできても、ゴジラが出現しても救援活動は実施されます。必ず実施します。「私たちは助ける」という強い意志を明確にし、そのための態勢づくりを進めるのが今だといえます。医薬品を、食料を、水を、燃料を、機材や資材を、そして人員を必ず被災地に届けるという意志を明確にし、そのために必要なさまざまな取り組みを着実に進めていかねばなりません。「必ず助けが来るから」その確信があるから、被災地での困難に耐えることができるのではないでしょうか。

私たちの国土はいつどこで災害が起こるかわかりません。被害を防ぐために注力しなければなりません。同時に、被害が出てしまったら、助けるということが重要です。防ぐ対策、防ぐための研究とともに助けるための方策、助けるための研究を推し進めていかねばなりません。一人の地理学者が被災地でボランティアをして発揮できる力はそんなに大きくないでしょう。地理学者としてより力を発揮できる貢献の仕方があると考えます。えらそうなことをいうつもりはありません。ただ、地理学者が地理学者として最大限にパフォーマンスを発揮できる方法で、災害対策に貢献できればと考えているのです。

「私たちはつねに震災前を生きています」。冒頭に示した言葉をもう一度繰り返したいと思います。ただし、私たちは私たちの未来を変えることができます。パーソナルコンピュータの父と称されるアラン・ケイの有名な言葉を挙げましょう。「未来を予測する最善の方法は、それを発明することだ（The best way to predict the future is to invent it.）」というものです。私たちは今よりも安全な未来を発明するのです。あるいは、もう少し簡単にいうなら、マイケル・ジョーダンの言葉とも、マイク・タイソンの言葉ともいわれるものがあります。「運命よ、そこをどけ。オレが通る。（Out of my way. Your fate. I'm going through.）」

付記

本書の刊行にあたってはナカニシヤ出版の酒井敏行様のお世話になりました。記して感謝申し上げます。

文献

青木賢人・林紀代美（2009）：2007年能登半島地震発生時における地域住民の津波に関する意識と災害回避行動、地理学評論、八二：二四三—二五七。

荒木一視（2011）：食料供給と震災被災地（緊急特集 東日本大震災）、地理、五六（六）：一一五—一二〇。

荒木一視・岩間信之・楮原京子・熊谷美香・田中耕市・中村努・松多信尚（2017）：いかにして救援物資を輸送するのか——広域災害発生時における二次的被害の軽減に対する地理学の貢献、*E-journal GEO*、一一：五二六—五五一。

井田仁康・志村喬（2012）：災害と子どもたちの教育を考える——東日本大震災被災学校の現在とこれからの地理学・地理教育（特集 災害と子どもたちの教育を考える）、地理、五七（五）：三〇—三四。

石井素介・山崎憲治・生井貞行・内田博幸・岡沢修（1996）：阪神・淡路大震災における人的被害と避難の地域構造——激甚被害地区についての考察、地理学評論、六九：五五九—五七八。

石橋克彦（2014）：『南海トラフ巨大地震——歴史・科学・社会』岩波書店。

市川紫麻（2017）：『高知県本山町における地震災害脆弱性の地域差』高知大学教育学部卒業論文。

伊藤智章（2012）：東日本大震災掲示板 震災記憶地図——「防災教育」から「復興教育」教材へ、地理、五七（五）：一〇三—一〇七。

岩田貢・山脇正資編（2013）：『防災教育のすすめ——災害事例から学ぶ』古今書院。

岩船昌起編（2016）：『被災者支援のくらしづくり・まちづくり——仮設住宅で健康に生きる』古今書院。

岩間信之・佐々木緑・田中耕市・駒木伸比古・浅川達人（2013）：東日本大震災被災地における食料品小売業の復興プロセスと仮設住宅居住者の生活環境問題、*E-journal GEO*、七：一七八—一九六。

岩間信之編（2017）：『都市のフードデザート問題——ソーシャル・キャピタルの低下が招く街なかの「食の砂漠」』農

林統計協会。

宇井忠英（1997）：『火山噴火と災害』東京大学出版会。

碓井照子・小長谷一之（1995）：阪神・淡路大震災における道路交通損傷の地域的パターン――ＧＩＳによる分析、地理学評論、六八：六二一―六三三。

浦川豪・林春男・藤春兼久・田村圭子・坂井宏子（2008）：２００７年新潟県中越沖地震発生後の新潟県災害対策本部における状況認識の統一、地域安全学会論文集、一〇：五三一―五四一。

大谷友男（2016）：九州の産業構造と熊本地震による影響、地理、六一（一〇）：四二―五〇。

大矢雅彦（1960）：水害地形分類図と伊勢湾台風による水害、地理調査所時報、二四：一―二〇。

大矢雅彦・木下武雄・若松加寿江・羽鳥徳太郎・石井弓夫（1996）：『自然災害を知る・防ぐ（第二版）』古今書院。

香川貴志（1995）：兵庫県南部地震による豊中市の被災状況、地理学評論、六八Ａ：五五〇―五六二。

香川貴志（2013）：東日本大震災を受けての防災教育普及への取組み――さまざまな論考の整理と三陸地域での現地検証、京都教育大学紀要、一二三：三一―四五。

菊地一郎（1958）：江東（東京都）工業の地域構造、地理学評論、三一：五五五―五六五。

菊池春子（2014）：東日本大震災の被災地における生活環境被害と療養患者世帯の生活――岩手県山田町の在宅療養患者世帯の実態調査から（二〇一三年度 地理環境学コース修士論文要旨）、お茶の水地理、五三：九三―九四。

木村玲欧（2013）：『歴史災害を防災教育に生かす――１９４５三河地震（シリーズ繰り返す自然災害を知る・防ぐ）』古今書院。

久保倫子・益田理広・山本敏貴（2014）：茨城県日立市における地域コミュニティと住民による東日本大震災後の防災対策、都市地理学、九：五六―六八。

高知県（2013）：『南海トラフ地震対策行動計画』高知県。

高知県（2015）：『高知県災害時医療救護計画』高知県。

高知県危機管理部（2017）：高知県物資配送計画（基本方針）。

高知県道路啓開計画作成検討協議会（2016）：『高知県道路啓開計画』高知県道路啓開計画作成検討協議会。

古賀慎二（2014）：神戸市都心部におけるオフィスビルの立地変化と都心地域構造の変容――阪神・淡路大震災からの復興の検証、地理科学、六九：一四〇―一五一。

国土交通省国土政策局（2017）：地方公共団体向け地理空間情報に関するWｅｂガイドブック。http://www.mlit.go.jp/kokudoseisaku/gis/gis/webguide/（最終閲覧日：二〇一七年三月三〇日）

国土交通省国土政策局（2014）：震災・大規模災害対応における地理空間情報／ＧＩＳの利活用マニュアル。

国土交通省四国運輸局（2013）：『輸送・保管を中心とした総合的な支援物資物流システム構築推進に関する調査≪報告書』国土交通省四国運輸局。

小山良太・小松知未編（2013）：『農の再生と食の安全――原発事故と福島の2年』新日本出版社。

桜井常矢・伊藤亜都子（2013）：震災復興をめぐるコミュニティ形成とその課題、地域政策研究、一五：四一―六五。

四国道路啓開計画等協議会（2016）：四国広域道路啓開計画。

地震調査研究推進本部（2012）：長周期地震動予測地図（二〇一二年試作版）。http://www.jishin.go.jp/evaluation/seismic_hazard_map/lpshm/12_choshuki/（最終閲覧日：二〇一七年三月三〇日）

地震調査研究推進本部（2013）：南海トラフの地震活動の長期評価（第二版）について。http://www.jishin.go.jp/main/chousa/13may_nankai/index.htm（最終閲覧日：二〇一七年三月三〇日）

清水希容子・松原宏（2014）：東日本大震災後の東北製造業の回復と産業立地政策、*E-journal GEO*、九：一一八―一三四。

白尾美佳・水野いずみ・岩船昌起（2016）：岩手県山田町の避難所での食と心理と生活環境――東日本大震災の食事記録の解析と質問紙調査、二〇一六年度日本地理学会春季学術大会発表予稿集。

菅野拓（2015）：社会問題への対応からみるサードセクターの形態と地域的展開――東日本大震災の復興支援を事例として、人文地理、六七：三七一―三九四。

鈴木康弘編（2015）：『防災・減災につなげるハザードマップの活かし方』岩波書店。

鈴木康弘・熊木洋太・須貝俊彦・杉戸信彦（2015）：特集号「東日本大震災の地理学的検証――津波・地盤災害の多様性と地域性」巻頭言、地学雑誌、一二四：一五一―一五五。

鈴木由智佳（2012）：原発事故に翻弄される子どもたち　福島県（特集　東日本大震災と子どもたち）、歴史地理教育、七八六：一〇―一四。

瀬戸寿一（2010）：情報化社会における市民参加型ＧＩＳの新展開、ＧＩＳ――理論と応用、一八：三一―四〇。

祖田亮次（2015）：人文地理学における災害研究の動向、地理学論集、九〇：一六―三一。

高木亨（2013）：仮設住民のくらし　震災から2年（第九回）福島県の仮設住宅――「借上げ住宅」の実態と課題、地理、五八（一二）：七四―八〇。

高木亨（2014）：原子力災害による福島県の商工業への影響と地理学的支援、地理、五九（一）：三三―四一。

高野岳彦（2013）：東北地方津波被災地域の漁業の地域特性と復興プロセスの展望、*E-journal GEO*、八：一一九―一四〇。

高橋和雄・木村拓郎（2009）：『火山災害復興と社会――平成の雲仙普賢岳噴火（シリーズ繰り返す自然災害を知る・防ぐ）』古今書院。

田中薫（1925）：震災直後に於ける東京市の交通（一）、地理学評論、一：一六六―一八〇。

田中耕市（2001）：個人属性別にみたアクセシビリティに基づく生活利便性評価――福島県いわき市を事例として、地理学評論、七四：二六四―二八六。

田中耕市（2010）：ＧＩＳを援用したミクロスケールにおける東京23区の高齢化分析――地域メッシュ統計5次メッシュデータを活用して（特集ＧＩＳによる統計利用の進展）、統計、六一（四）：二三―三〇。

田中耕市・駒木伸比古・貝沼恵美（2016）：地理的条件からみた津波避難のアクセシビリティ評価――徳島県沿岸部を事例として、ＧＩＳ――理論と応用、二四：九七―一〇三。

谷謙二（2012）：小地域別にみた東日本大震災被災地における死亡者および死亡率の分布、埼玉大学教育学部地理学研究報告、三二：一―二六。

千木良雅弘（2007）：『崩壊の場所――大規模崩壊の発生場所予測』近未来社。

千葉昭彦（2012）：東日本大震災での住宅・宅地の被災の社会経済的特徴と課題、都市地理学、七：二九―四〇。

中央防災会議幹事会（2015）：南海トラフ地震における具体的な応急対策活動に関する計画。

中央防災会議防災対策推進検討会議南海トラフ巨大地震対策検討ワーキンググループ（2012）：南海トラフ巨大地震の被害想定について（第一次報告）。

中央防災会議防災対策推進検討会議南海トラフ巨大地震対策検討ワーキンググループ（2013）：南海トラフ巨大地震の被害想定について（第二次報告）。

土屋純（2000）：コンビニエンス・チェーンの発展と全国的普及過程に関する一考察、経済地理学年報、四六：二二―四二。

土屋純（2012）：東北地方の流通システムと東日本大震災、経済地理学会北東支部編『北東日本の地域経済』八朔社、二四一―二五九頁。

土屋純・岩動志乃夫（2014）：東日本大震災、原発事故後における南相馬市の地域商業、東北大学大学院経済学研究科編『震災復興政策の検証と新産業創出への提言』河北新報出版センター。

寺木彰浩・阪田知彦（2003）：大震災発生後の建築物被災状況把握に関する基礎的検討、ＧＩＳ：理論と応用、一一：五七―六二。

寺本潔（2012）：防災教育の自校化と社会科の果たす役割：「釜石の奇跡」に学ぶ、地理学報告、一一四：二九―三八。

東北大学大学院経済学研究科地域産業復興調査研究プロジェクト（2014）：『東日本大震災復興研究３震災復興政策の検証と新産業創出への提言』河北新報出版センター。

鳥澤一晃・吉田聡・佐土原聡（2014）：サプライチェーンのＢＣＰのための道路網被害予測と事業継続への影響評価、日本地震工学会論文集、一四：八四―一〇三。

中澤雄太・村山良之（2007）：農村部における住宅復興過程――２００３年宮城県北部の地震、季刊地理学、五九：七一―八六。

中田高・島崎邦彦・鈴木康弘・佃栄吉（1998）：活断層はどこから割り始めるのか？――活断層の分岐形態と破壊伝播方向、地学雑誌、一〇七：五一二―五二八。

中田高・隈元崇・熊原康博・山中佳子（2004）：「形態単位モデル」による一括活動型活断層の設定と起震断層の再検討、活断層研究、二四：三九―四八。

中村努（2013）：離島における医薬品流通の維持、土屋純・兼子純編『少商圏時代の流通システム』古今書院、一五七―一七四。

新沼星織・宮澤仁（2011）：東日本大震災における医療機関の津波被害と内陸部医療機関の被災患者受け入れ状況――宮城県南三陸町と登米市の事例、季刊地理学、六三：二一四―二二六。

仁平尊明・橋本雄一（2015）：釧路市における自主防災組織の活動から見た津波避難の課題、地理学論集、九〇：一―一四。

日本地理学会（2011）：２０１１年3月11日東北地方太平洋沖地震に伴う津波被災マップ。http://danso.env.nagoya-u.ac.jp/20110311/（最終閲覧日：二〇一七年三月一日）

能津和雄（2016）熊本地震による観光への影響（特集 熊本地震）、地理、六一（一〇）：二八―三五。

箱崎作次（2012）：中学校の授業 公民 東日本大震災をどう教えたか――地震・津波・原発・放射線、歴史地理教育、七九八：五〇―五三。

橋本雄一編（2009）：『地理空間情報の基本と活用』古今書院。

橋本雄一編（2015）：『ＱＧＩＳの基本と防災活用』古今書院。

橋本雄一編（2016）：『ＧＩＳと地理空間情報――ArcGIS 10.3.1とダウンロードデータの活用』古今書院。

埴淵知哉・花岡和聖・村中亮夫・中谷友樹（2010）：社会調査のミクロデータと地理的マクロデータの結合――JGSS-2008を用いた健康と社会関係資本の分析を事例に、日本版総合的社会調査共同研究拠点研究論文集、七：八七―九八。

埴淵知哉・中谷友樹・花岡和聖・村中亮夫（2012）：都市化・郊外化の度合いと社会関係資本の関連性に関するマルチ

レベル分析、地理科学、六七：七一―八四。

原口強・岩松暉（2011）：『東日本大震災津波詳細地図（上下）』古今書院。

藤井正（1996）：都市構造と震災の様相――神戸市東灘区を事例としたＧＩＳ分析のための基礎的検討、地理学評論、六九：五九五―六〇六。

藤塚吉浩・金子直樹・藤井美穂・甲野純正・相川理恵子・山口覚・中沢　健史（1996）：阪神・淡路大震災後の西宮市の商業地区における店舗の営業再開状況―地震発生2ヶ月後までの調査報告、地理学評論、六九：一一二六―一一三五。

増田聡（2014）：「住まいの復興」に向かうもうひとつの道――仮設住宅から災害公営住宅へ、地理、五九（一）：一二―一三二。

松田磐余（1989）：水害被災者の避難行動――１９８６年10号台風による4被災地の場合、東北地理、四一：六七―八三。

松多信尚・杉戸信彦・後藤秀昭・石黒聡士・中田高・渡辺満久・宇根寛・田村賢哉・熊原康博・堀和明・廣内大助・海津正倫・碓井照子・鈴木康弘（2012）：東北地方太平洋沖地震による津波被災マップの作成経緯と意義、*E-journal GEO*、七：二一四―二二四。

松山侑樹・遠藤尚・中村努（2016）：高知県高知市におけるコンビニエンスストアの立地展開の特異性、*E-journal GEO*、一一：四〇―五五。

水木千春・平川一臣（2011）：２０１１年3月11日東日本大震災発生時における北海道日高・十勝沿岸域住民の津波に対する意識と避難行動、地理学論集、八六：九七―一〇七。

水谷武司（2012）：『自然災害の予測と対策――地形・地盤条件を基軸として』朝倉書店。

村山祐司・柴崎亮介編（2008）：『ＧＩＳの理論』朝倉書店。

本岡拓哉（2004）：神戸市における阪神・淡路大震災復興公営住宅の立地展開、人文地理、五六：七五―九〇。

矢ケ﨑太洋・吉次　翼（2014）：岩手県陸前高田市における東日本大震災後の都市復興と住宅再建、地理空間、七：一二一―一三三。

矢ケ﨑太洋・淺野元紀・渡辺亮佑・浅見貴昭・焦博磊・竹下和希・遊佐暁・松井圭介（2016）：東日本大震災における茨城県東茨城郡大洗町の対応と津波防災の取り組み、地域研究年報、三八：一一七—一四九。

山川充夫（2013）：『原災地復興の経済地理学』原書房。

山地 久美子（2013）：災害復興公営住宅とペット飼育の課題——東日本大震災の復興に阪神淡路大震災・中越地震の経験を活かす（特集 東日本大震災と防災（2））、兵庫地理、五八：一—八。

和歌山県（2014）：和歌山県地震被害想定調査報告書。

和歌山県（2016）：和歌山県広域受援計画。

和歌山県（2017）：防災わかやま。http://bousai-portal.pref.wakayama.lg.jp/（最終閲覧日：二〇一七年三月三〇日）

Nakamura, T.（2013): Pharmaceutical supply chain security and efficiency: The Case of the Great East Japan Earthquake. *Geographical review of Japan series B* 85: 84-92.

Yokoyama,T.（2013): Recovery of fishing village after the Great East Japan Earthquake: A Case Study of Ishinomaki-Toubu District, Ishinomaki City, Miyagi Prefecture. IGU 2013 Kyoto Regional Conference.

中村　努（なかむら　つとむ）　　第4章
1979年兵庫県生まれ。高知大学教育学部講師。博士（学術）。主な著書に、『流通空間の再構築』（分担執筆、古今書院、2007年）、『小商圏時代の流通システム』（分担執筆、古今書院、2013年）、『インターネットと地域』（分担執筆、ナカニシヤ出版、2015年）など。

松多信尚（まつた　のぶひさ）　　第1章・第3章
1971年東京都生まれ。東京大学地震研究所特任研究員、國立台湾大学博士後研究員、名古屋大学減災連携センター特任研究員などを経て、現在、岡山大学教授。博士（理学）。主な著書に、『防災・減災につなげるハザードマップの活かし方』（分担執筆、岩波書店、2015年）、『レジリエンスと地域創生』（分担執筆、明石書店、2015年）、『東濃地方の地震とその災害』（共著、自費出版、2016年）など。

執筆者紹介（五十音順）

荒木一視（あらき　ひとし）　序章・おわりに
1964年和歌山県生まれ。旭川大学講師、助教授、山口大学助教授、准教授を経て、現在、山口大学教授。博士（文学）。主な著書に、『食料の地理学の小さな教科書』（編著、ナカニシヤ出版、2013年）、『モンスーンアジアのフードと風土』（共編著、明石書店、2012年）、『アジアの青果物卸売市場』農林統計協会、2008年）など。

岩間信之（いわま　のぶゆき）　第２章
1973年茨城県生まれ。茨城キリスト教大学教授。博士（理学）。主な著書に、『フードデザート問題――無縁社会が生む「食の砂漠」』（編著、農林統計協会、2011年）、『都市のフードデザート問題』（編著、農林統計協会、2017年）など。

楮原京子（かごはら　きょうこ）　第１章・第３章
1980年鳥取県生まれ。日本原子力研究開発機構博士研究員、産業技術総合研究所地質情報研究部門特別研究員、活断層・地震研究センター任期付研究員を経て、現在、山口大学講師。博士（理学）。主な論文に「2014年広島土石流災害発生２渓流沖積錐を形成する土石流堆積物の編年」（『自然災害科学』Vol. 34、2016年）など。

熊谷美香（くまがい　みか）　第６章
1978年大阪府生まれ。大阪市立大学都市研究プラザ特別研究員、大阪市立大学都市文化研究センター特別研究員、（株）帝国データバンク客員研究員を経て、現在、和歌山県立医科大学助教。修士（文学）。主な論文に、「A comparable analysis of changes in the characteristics of urban residents in Tokyo and Osaka, 1995–2005」（『Urban Scope』Vol. 3、2012年）など。

田中耕市（たなか　こういち）　第５章
1974年福島県生まれ。東京大学空間情報科学研究センター研究機関研究員、徳島大学講師、助教授、准教授を経て、現在、茨城大学准教授。博士（理学）。主な論文に、「A review of recent transportation geography in Japan」（『Geographical Review of Japan』Vol. 86B、2013年）など。

救援物資輸送の地理学
被災地へのルートを確保せよ

2017年11月1日　初版第1刷発行　（定価はカヴァーに表示してあります）

著　者　荒木一視　岩間信之
　　　　楮原京子　熊谷美香
　　　　田中耕市　中村　努
　　　　松多信尚

発行者　中西　良
発行所　株式会社ナカニシヤ出版
〒606-8161　京都市左京区一乗寺木ノ本町15番地
TEL 075-723-0111　FAX 075-723-0095
http://www.nakanishiya.co.jp/

装幀＝白沢正
印刷・製本＝亜細亜印刷

＊落丁・乱丁本はお取替え致します。
Printed in Japan.　ISBN978-4-7795-1217-9　C0025